Paul Liekens

NLP
IN BEZIEHUNGEN

W0247171

Paul Liekens

NLP

IN BEZIEHUNGEN

AURUM VERLAG

Die niederländische Originalausgabe erschien unter dem Titel
„NLP en relaties" im Verlag Ankh-Hermes, Deventer.
Ins Deutsche übersetzt von Aljoscha A. Schwarz und Ronald
P. Schweppe.
Umschlaggestaltung: Andrea Heissenberg
Hintergrundfoto: Jean-Marc Truchet/Tony Stone

Die Deutsche Bibliothek – CIP-Einheitsaufnahme

Liekens, Paul: NLP in Beziehungen / Paul Liekens. [Ins Dt.
übers. von Aljoscha A. Schwarz und Ronald P. Schweppe].
– 2. Aufl. – Braunschweig
: Aurum-Verl., 1996
    Einheitssacht.: NLP en relaties <dt.>.
    ISBN 3-591-08388-7

1. Auflage 1996
2. Auflage 1997
ISBN 3-591-08388-7
© 1995 Uitgeverij Ankh-Hermes bv, Deventer
© der deutschen Ausgabe Aurum Verlag GmbH, Braunschweig
Gesamtherstellung: Westermann Druck Zwickau GmbH

Inhalt

Einleitung

Wenn Sie Mitglied in einem Tennisclub sind, werden Sie wahrscheinlich bemerkt haben, daß Sie automatisch immer nach Gegnern suchen, die etwa die gleiche Spielstärke haben wie Sie selbst. Schließlich ist es ja auch naheliegend, daß Ihnen die Bälle nur so um die Ohren fliegen werden, wenn Sie mit einem um Klassen besseren Gegner spielen, während ein wesentlich schlechterer Spieler wohl kaum einen von Ihnen servierten Ball übers Netz bekommen wird.

Es ist erstaunlich, daß so viele Menschen nicht in der Lage zu sein scheinen, eine ebenso bewußte Wahl zu treffen, wenn es um ihren Lebenspartner geht. Der Unterschied zum Tennispartner besteht darin, daß man diesen schon einmal beim Spiel beobachtet haben wird und daher seine Fähigkeiten genau einschätzen kann. Bei der Wahl eines Lebenspartners spielen jedoch die unterschiedlichsten Faktoren eine Rolle, die sich der bewußten Kenntnis entziehen. Sie werden sich nämlich in der Regel von jenen Menschen angezogen fühlen, die zu dem Bild passen, das Sie bewußt oder unbewußt von sich selbst haben. Der einzige Haken an der Sache ist, daß dieses Bild von zahlreichen Vorstellungen innerhalb Ihres Unterbewußten beeinflußt wird, von denen Sie nicht die geringste Ahnung haben.

In diesem Buch wird es um die Entdeckung dieser verborgenen Einstellungen sowie um die Transformation störender Faktoren gehen, die Sie bisher daran gehindert haben mögen, einen interessanten und Ihnen angemessenen Partner kennenzulernen, dem Sie ein ebenso ange-

messener Partner sein können. Auch wird es darum gehen, eine bereits bestehende Partnerschaft auf angenehme und unkomplizierte Weise zu verbessern. Und was
beim Lebenspartner funktioniert, ist natürlich auch auf
jede andere Beziehung anwendbar, ob es dabei um das
Verhältnis zum Chef und den Kollegen oder zu Kindern
und Freunden geht.

Möchten Sie wissen, warum dieses kleine Buch
höchstwahrscheinlich mehr für die Verbesserung der Beziehungen zu Ihren Mitmenschen tun kann als alle anderen Bücher, die Sie bisher zum Thema Partnerschaft gelesen haben? Die Antwort ist einfach:

Weil Sie nicht nur Informationen aufnehmen (was
der normale, mentale Weg ist), sondern auch einfache
NLP-Übungen kennenlernen werden, die die entsprechenden Informationen geradewegs dorthin transportie-
ren werden, wo sie hingehören: in Ihr Nervensystem. Dadurch integrieren Sie die Informationen und führen die
gewünschte Transformation herbei.

In unserem Gehirn gibt es etwa 4000 Milliarden neuronale Verbindungen, und wir haben nie eine „Gebrauchsanweisung" dafür bekommen.

Zwei amerikanische Wissenschaftler – Dr. Richard
Bandler und John Grinder – haben in den siebziger Jahren
eine solche „Gebrauchsanweisung" ausgearbeitet, indem
sie zahlreiche erfolgreiche Menschen analysierten. Dabei
ging es ihnen nicht so sehr darum herauszufinden, *warum* diese Menschen etwas Bestimmtes taten, als vielmehr
darum, *wie* sie die Dinge taten, die ihnen im Kopf herum-
gingen. Aufgrund dieser Beobachtungen entwickelten sie
ein Modell, das auf alle Menschen übertragbar ist, weil
jeder die gleiche neuronale Struktur aufweist.

NLP ist also eine Art Gebrauchsanweisung, die uns zeigt, wie wir wesentlich effektiver „funktionieren" können. Kurz gesagt bekommen Sie durch NLP mehr Auswahlmöglichkeiten für Ihr Leben und für die Richtung, die Sie eingeschlagen haben, was zu einem reicheren Gefühlsleben führt und mehr Musik in Ihr Leben bringt. NLP bietet Ihnen ein einfaches und schnell umsetzbares System an, das Ihnen helfen wird, sich in Ihrem eigenen Tempo zu verändern und diese Veränderungen auch zu integrieren, so daß sie sich allmählich ganz von selbst auf Ihre Lebensqualität auswirken.

Wie funktioniert das Ganze? Die Bedeutung des Begriffes „Neurolinguistisches Programmieren" gibt darüber bereits erste Auskünfte.

Neuro: Mit Hilfe unserer Sinnesorgane und unseres Gehirns (des zentralen Nervensystems) sehen, hören, fühlen, riechen, schmecken – kurzum erfahren wir unsere Umwelt. Über unser Nervensystem werden unsere biologischen Lebensprozesse gesteuert.

Linguistisch: Die inneren, neuronalen, logischen Prozesse werden durch die Sprache beeinflußt, die uns gleichzeitig hilft, zum Ausdruck zu bringen, was in uns vorgeht.

Programmieren: Dies bezieht sich auf die Art und Weise, in der wir Informationen über die Welt einordnen, die wir mittels unserer Sinnesorgane aufnehmen, und darauf, wie wir sie aus dem unterbewußten Teil unseres Gehirns abrufen. Das Programm, durch das wir die Welt erfahren, ist das Bild, das wir uns von der Welt machen und innerhalb dessen wir auswählen und Entscheidungen treffen, sei es nun bewußt oder unbewußt.

NLP ermöglicht es Ihnen, die Widersprüche zwischen dem bewußten und dem unbewußten Teil Ihres Geistes aufzudecken und mit ihnen aufzuräumen. Diese Widersprüche sind es, die Sie bis heute daran gehindert haben, neue und sinnvolle Ideen zu integrieren. Es handelt sich dabei um Widersprüche, die Sie davon abhalten, etwas in die Tat umzusetzen oder sich Ihre Wünsche zu erfüllen.

Ein Beispiel: Sie wissen, daß es Ihnen ohne weiteres gelingen wird, über ein 50 Zentimeter breites Brett zu gehen, das auf dem Boden liegt. Sie können es ja auch einmal ausprobieren, um wirklich sicher zu sein, daß Sie dazu in der Lage sind. Plazieren wir dasselbe Brett nun zwischen zwei Hochhäusern in einer Höhe von 100 Metern. Ich möchte wetten, daß die meisten von uns sich nun nicht mehr trauen werden, über das Brett zu laufen. In irgendeinem Teil unseres Unterbewußtseins scheint sich also die Einstellung eingeschlichen zu haben, daß das gefährlich ist, während unser Bewußtsein genau weiß, daß es sehr wohl möglich ist. Sobald ein Konflikt zwischen diesen beiden Teilen unseres Bewußtseins entsteht, wird unser Unterbewußtsein dabei immer den Sieg davontragen. Unser Unterbewußtsein übernimmt die Rolle des Beschützers.

Kürzlich hatte ich jemanden mit einer Vogelphobie zu Besuch. Die Frau litt bereits seit ihrer Kindheit unter dieser Phobie. Von ihrem siebzehnten Lebensjahr an hatte sie damit begonnen, Hilfe bei zahlreichen klassischen Therapien zu suchen, jedoch ohne Erfolg. Und dabei sagte sie sich während dieser ganzen Zeit, wie lächerlich ihr Verhalten doch eigentlich sei. Dennoch war sie einfach nie dazu in der Lage, sich einmal entspannt auf eine Terrasse zu setzen und es richtig zu genießen. Kaum daß sie aus dem Augenwinkel einen unschuldigen kleinen Spatzen anfliegen sah, konnte sie keine Sekunde länger sitzen bleiben, sprang auf und lief schreiend davon.

NLP hat eine wirksame „Schnell-Technik" gegen Phobien entwickelt, die im Unterbewußtsein gespeicherte Informationen unmittelbar transformiert. Meine Besucherin hat diese Technik angewendet, und das Problem war innerhalb von zehn Minuten gelöst. Später hat sie mir nochmals bestätigt, daß sie nun entspannt und ganz ohne Angst an Orten spazierengehen kann, von denen sie weiß, daß dort Vögel herumfliegen.

In Workshops zum Thema Partnerschaft entdecke ich häufig, daß im Unterbewußtsein der Teilnehmer nicht die gleichen Einstellungen über Beziehungen vorhanden zu sein scheinen wie auf der Ebene ihres Bewußtseins. In dieser Tatsache sieht NLP den Hauptgrund dafür, daß alle Bemühungen, Beziehungen auf der bewußten Ebene zu verbessern, keine positiven Resultate zeitigen. Es sind gerade die unterbewußten Einstellungen, die entscheidend sind und Sie daran hindern, über das 50 Zentimeter breite Brett zwischen sich und dem anderen Menschen zu gehen. Diese Einstellungen haben Ihr Verhältnis zu den anderen nicht gerade vereinfacht, und bei manchen Menschen haben sie sogar sämtliche Partnerschaften zerstört.

In diesen Fällen macht das Unterbewußtsein früher oder später alle bewußten Anstrengungen zunichte. Genau wie in dem Beispiel mit dem Brett herrschen in Ihrem Unterbewußtsein verborgene Einstellungen und Assoziationen vor, die eine Beziehung zu einem anderen Menschen mit Schmerz, Erniedrigung, Leiden, Unterdrückung oder irgendwelchen anderen negativen Aspekten in Verbindung bringen. Diese Auffassungen haben sich zumeist während der Kindheit und Jugend eingeschlichen. Und Ihr Unterbewußtsein möchte Sie vor vermeintlichen Folgen bewahren. Das ist die Ironie bei der ganzen Sache.

In diesem Buch werden Sie nicht nur die Widersprüche kennenlernen, die Sie zum Thema Beziehung in sich selbst haben, sondern auch lernen, sie zu einer besseren Übereinstimmung zu bringen, damit Ihr Bewußtsein und Ihr Unterbewußtsein künftig am gleichen Strang ziehen. Auf diese Weise arbeiten Sie ganz praktisch an der Erweiterung Ihres Bewußtseins und Ihres Weltbildes, so daß Sie mehr Möglichkeiten der freien Wahl sehen und diese auch umsetzen können. Dadurch werden Sie die Regie in Ihrem Leben übernehmen und sich weniger als Opfer fühlen. Und Sie werden mehr Klarheit über den Mechanismus des Lebens gewinnen und auch Ihr eigenes Leben besser verstehen können, was dazu führt, daß Sie das Leben zunehmend als ein wertvolles Geschenk annehmen können. Auch werden Sie Ihre Chancen fortan nicht mehr ungenutzt lassen und mehr Einfluß auf Ihr Leben nehmen.

Möglicherweise mag Ihnen dies wie ein Märchen in den Ohren klingen, doch ich kann es nicht oft genug wiederholen. Die so lange erwartete Manifestation sämtlicher wunderbarer Slogans und Sprüche, all dieser neuen und nützlichen Einsichten unserer heutigen Zeit, kann durch NLP in Ihre Reichweite gelangen, ohne daß Sie jemanden brauchen, der Ihnen ständig zeigen muß, wie dieses Ziel zu erreichen ist.

Indem Sie die Erkenntnisse und die einfachen Techniken des NLP anwenden, können Sie auch in jene Lebensbereiche eingreifen, in denen noch alte Muster vorherrschen und Ihr Unterbewußtsein beeinflussen, können diese Muster verwandeln und sie der modernen Zeit anpassen, in der Sie heute leben.

Sie können die Nachteile und Beschränkungen alter Muster durch die Vorteile neuer ersetzen, ohne daß bei diesem Prozeß die Vorteile der alten Muster verschwinden.

Wollen Sie wissen, wie Ihnen das konkret helfen wird, die Qualität Ihrer Beziehungen zu verbessern, oder wie Sie die Tatsache ändern können, daß Sie immerzu allein bleiben? In den nächsten Kapiteln werde ich diese Fragen beantworten.

Teil 1
Ihre Beziehung zu sich selbst

Wo drückt der Schuh?

In jeder Beziehung unterscheiden wir zwischen zwei Parteien:

Sie selbst

Die Beziehung, die Sie zu sich selbst haben, ist der Ausgangspunkt, der die Qualität sämtlicher Beziehungen beeinflußt, die Sie zu anderen haben. Halten Sie sich selbst für wertvoll, finden Sie, daß es der Mühe wert ist, sich das anzuhören, was Sie zu sagen haben? Welches Bild haben Sie von dem Menschen, der Sie sind?

Inwiefern bestimmt Ihre Ansicht über die Beziehungen, die Sie in Ihrer frühesten Kindheit beobachten konnten, noch heute Ihr Verhalten? Welche Szenen sind Ihnen unbewußt in Erinnerung geblieben? Wie können Sie das erkennen? Wie können Sie das Nutzlose dabei neutralisieren und/oder das Nützliche erweitern und verstärken?

Der oder die andere

NLP beschäftigt sich weniger mit dem, *was* gesagt wird (Inhalt), als vielmehr damit, *wie* etwas gesagt wird (Art und Weise). Indem man nämlich lernt, dem, was ein anderer sagt, ganz genau zuzuhören, kann man begreifen, wie es um dessen Vorstellungen von der Welt bestellt ist. Das gleiche gilt natürlich auch für einen selbst.

Diese Vorstellungen bezeichnen wir im NLP als die Repräsentation der Welt. Daher werden die Sinne, durch die diese Repräsentation entsteht – Sehen, Hören, Fühlen (visuell, auditiv, kinesthetisch) –, Repräsentationssysteme genannt.

Allein dadurch, daß Sie die Art Ihrer Kommunikation auf die Art abstimmen, in der der andere innerlich organisiert ist und in der er sich ausdrückt, können Sie Ihre

Botschaft viel effizienter und begreiflicher übermitteln, so daß es nicht so leicht zu energieraubenden Mißverständnissen kommen wird.

Indem Sie bewußt lernen, auf das Gleichgewicht zwischen der Aufmerksamkeit für sich selbst und der Aufmerksamkeit für den anderen zu achten, werden Sie in die Lage versetzt, mehr Harmonie in Ihre Beziehung zu bringen. Sie werden sehr viel mehr Freude und sehr viel weniger Unzufriedenheit in Beziehungen aller Art erfahren, sei es bei der Arbeit, in der Familie oder mit Ihrem Lebenspartner, wenn Sie den Übereinstimmungen *und* den Unterschieden zwischen Ihrem Muster von der Welt und dem der anderen etwas mehr gezielte Aufmerksamkeit schenken.

Eine der wohl wichtigsten Einsichten, die ich durch NLP gewinnen konnte, ist, daß weniger das jeweilige *Geschehen* von Bedeutung ist, als vielmehr *meine Beziehung zu diesem Geschehen*. Es ist nicht die *Maus*, die Ihnen angst macht, es ist Ihre *Vorstellung von der Maus*, denn die bestimmt über Ihre Beziehung zu dieser Maus. Und diese Beziehung zur Maus bestimmt Ihre Reaktion auf die Maus – sei es nun Neugierde, Gleichgültigkeit, Angst oder sogar eine Phobie.

Obwohl ich darüber bereits in den achtziger Jahren geschrieben habe, habe ich erst jetzt wirklich begriffen, wie wir das eigentlich anstellen, wenn wir aus einer Mücke einen Elefanten machen. Sobald Sie wissen, *wie* Sie das machen, können Sie die Elefantenherde, die Sie im Laufe Ihres Lebens heraufbeschworen haben, getrost in einen Mückenschwarm oder sogar in einen Schwarm Marienkäfer verwandeln, ohne daß sich das Geschehen selbst verändert.

Dasselbe tun wir übrigens mit Geräuschen. Manchmal lassen wir das sanfte Tropfen eines Wasserhahnes zum Rauschen eines Wasserfalls anwachsen, der direkt neben unserem Bett niederzustürzen scheint. Wenn ein unsympathischer Mensch uns versehentlich auf die Zehen tritt, schmerzt uns dies, als sei unser Fuß gebrochen, während wir die Beule an unserem Kopf kaum bemerken, wenn ein geliebter Mensch uns die Tür gegen den Schädel geknallt hat.

Das Wichtigste, das NLP zu meinem Leben beigetragen hat, ist, daß ich jetzt auch verstanden habe, wie ich meine eigenen, unnützen Vorstellungen und Assoziationen verändern und den Gegebenheiten anpassen kann, so daß ich von nun an die Wahl habe, jedes Geschehen in meinem Leben als sinnvolle Unterstützung für meine Selbstachtung und als Beitrag zu meiner Entwicklung anzusehen.

Dies gilt natürlich genauso für eine Beziehung zu einem Partner wie für alle anderen Lebensbereiche. Nicht die *Beziehung* ist von vorrangiger Bedeutung, sondern Ihre *Vorstellung von der Beziehung* – Ihre Beziehung zu dieser Beziehung.

Sobald Sie diesen Eigenanteil Ihrer Beziehung Ihren Wünschen gemäß verändert haben, wird der Rest von selbst folgen; im Grunde ist es sogar so, daß dem Rest nichts anderes übrigbleibt, als zu folgen.

Man könnte das Motto dieses Buches in folgende Worte fassen: Sie können in jede Beziehung mehr Musik hineinzaubern, und es hängt nur von Ihrer eigenen Initiative ab, allmählich eine wohlklingende Sinfonie daraus zu machen, anstatt tatenlos zuzusehen, wie Ihre Beziehungen weiterhin auf den Abgrund zusteuern.

Wie gestalten Sie Ihr Selbstbild?

In Wirklichkeit sehen wir nicht *mit* unseren Augen, sondern lediglich *durch* unsere Augen. Das wirkliche Sehen findet in unserem Bewußtsein statt. Auch hören wir nicht *mit* unseren Ohren, sondern *durch* unsere Ohren. Damit diese Worte auch wirklich bis zu Ihnen durchdringen können, folgt nun eine einfache Übung.

Wenden Sie Ihren Blick von diesem Buch ab, und blicken Sie etwa eine Minute lang um sich. Notieren Sie sich kurz alles, was grün ist. Wenn Sie das getan haben, werden Sie wahrscheinlich viele Gegenstände bemerkt haben, die grün sind, aber haben Sie auch im selben Maße alle Gegenstände bemerkt, die blau und braun sind? Wahrscheinlich nicht.

Damit Sie sich besser auf das konzentrieren konnten, was Sie sehen wollten, haben Sie die blauen und braunen Farben weggefiltert und somit nicht bewußt wahrgenommen. Dennoch sind natürlich auch alle braunen und blauen Gegenstände auf Ihrer Netzhaut erschienen, Ihre Augen haben Sie aufgefaßt, Ihr Bewußtsein jedoch nicht. Ihr Bewußtsein hat sie weggefiltert. Im NLP wird dieses Phänomen als „negative Halluzination" bezeichnet.

Was Sie also von einem Geschehen wirklich auffassen, ist der kleine Rest, der übrigbleibt, nachdem Ihr Bewußtsein alles andere herausgefiltert hat. Dies erklärt auch, warum es durchaus möglich ist, daß ein neutraler Zeuge einer Prügelei hoch und heilig beschwören wird, daß A angefangen hat, während ein anderer behaupten wird, daß B zuerst zugeschlagen hat.

Doch ist dies nicht die einzige Ebene, auf der der beschriebene Mechanismus sich auswirkt. Wenn Sie erst einmal ein bestimmtes Bild von sich selbst und ein Gefühl für sich selbst entwickelt haben, werden Filter gebildet, die dafür sorgen, daß alle Informationen, die nicht in dieses Bild oder zu diesem Gefühl passen, aus Ihrem Bewußtsein herausgefiltert werden. So bleiben letztlich nur jene Informationen erhalten, die die Vorstellung bestärken, die Sie von sich selbst haben. Einerseits ist dies eine Möglichkeit, die eigene Identität zu wahren und zu schützen. Andererseits laufen wir auf diese Weise Gefahr, uns nicht oder kaum weiterzuentwickeln.

Das Filtern ist jedoch nicht die einzige Art, wie wir uns schützen. Wir schützen uns auch, indem wir alles, was um uns herum geschieht, verändern und so lange umformen, bis daraus etwas geworden ist, das wir für unser Selbstbild gebrauchen können. Auf diese Weise gestalten und festigen wir auch unsere eigene Wirklichkeit.

Somit ist nicht so sehr das, *was geschieht*, von Bedeutung für Sie, als vielmehr das, *was Sie daraus machen*. Es ist weniger die *Spinne*, die Ihnen angst macht, als vielmehr die gefilterte *Vorstellung*, die Sie sich von ihr gemacht haben.

„Mensch, erkenne dich selbst, dann wirst du das Geheimnis der Götter und des Kosmos entdecken." – Dieses Motto wurde von Platon und anderen Weisen häufig verwendet, doch leider haben sie uns nicht verraten, wie man es anstellen soll, sich selbst zu erkennen. Auch vergaßen sie zu erwähnen, wie man, wenn man sich einmal selbst entdeckt hat, den anderen so weit zurechtfeilt, daß er zu einem paßt, so man dies denn wünschen sollte. Die Weisen selbst mögen dies sehr wohl gewußt haben, wie auch die Magier, Könige, Pharaonen, Kahuna und Eingeweihten aus alten Zeiten.

Über den Umweg des rationalen Verstandes sind wir hier im Westen neuerdings wieder dahintergekommen, wie das Ganze in etwa funktioniert, und diese Erkenntnisse kommen nun all jenen zugute, die an sich selbst arbeiten wollen.

Wie könnte die Lösung aussehen?

Gehen wir einmal von einem Standpunkt aus, den auch eine Strömung der modernen Physik (Charon, Capra, Bohm) vertritt, daß das Universum nämlich aus Bewußtsein hervorgegangen ist. Danach wäre jedes Atom und die ganze Materie aus reinem Bewußtsein entstanden. Das mag auch erklären, warum man in einigen Religionen davon ausgeht, daß Gott – der Schöpfer des Weltalls – immer und überall anwesend ist und nichts ohne ihn entstanden ist. Daher ist es auch von großer Bedeutung herauszufinden, welche wichtigen, unbewußten Einstellungen, die Sie in bezug auf sich selbst haben, die die Art und Weise, wie Sie mit anderen umgehen, stören.

Wir können die Antwort herausfinden, indem wir die uns bekannte Welt einfach einmal auf den Kopf stellen, so daß wir das, was unten liegt, nach oben befördern. Wir können das Ganze auch mit einem Glas Nußmus vergleichen. Das Öl hat sich oben abgesetzt, und das Mus (aus dem das Öl sich abgesondert hat) bleibt unten. Wenn Sie das Glas umdrehen und lange genug warten, wird sich das Mus wahrscheinlich am Deckel ansammeln. Um diesen Prozeß zu beschleunigen, können Sie den Inhalt des Glases ein wenig schütteln oder sogar kräftig darin herumrühren, um so schließlich ein wohlschmeckendes, streichfähiges Nußmus zu erhalten.

Diesen Prozeß werden wir nun genau analysieren und auch üben.

Wie Ihre Beziehung zu sich selbst Ihre Beziehungen zu anderen beeinflußt

Die Beziehung, die Sie zu sich selbst haben, bildet die Basis für Ihre Existenz und beeinflußt die Qualität sämtlicher Beziehungen, die Sie zu anderen haben.

Auf der anderen Seite beeinflußt die Beziehung, die Sie zu sich selbst haben, auch jede Beziehung, die ein anderer mit Ihnen eingeht. Das Bild, das Sie von sich selbst haben, und Ihr Selbstwertgefühl werden darüber mitentscheiden, wie andere sich Ihnen gegenüber verhalten. Verbirgt sich in Ihrem Unterbewußtsein die Vorstellung, daß Sie ein Trottel sind, so werden Sie aus Ihrem Partner ein Verhalten herauslocken, das mit dieser Vorstellung übereinstimmt. Haben Sie jedoch die unbewußte Einstellung, daß Sie wertvoll sind, so werden Sie dies ausstrahlen und folglich das entsprechende Verhalten auch bei anderen abrufen.

Die Materie ist den Gesetzen der Anziehungskraft unterworfen; dies ist auch der Grund dafür, daß die Planeten in ihren Umlaufbahnen bleiben und ständig Tausende von neuen Sternen und Planeten entstehen. Die gleichen Gesetze beeinflussen die Funktion Ihres Körpers, und auch hier gilt, daß die etwa 4000 Milliarden Nervenzellen durch Anziehung und Abstoßung miteinander in Verbindung stehen.

Wir gehen davon aus, daß Bewußtsein und Unterbewußtsein sehr aktive und kreative Kräfte sind, die wie ein Magnet Ereignisse, Menschen und Dinge aus der Umgebung anziehen, die zur entsprechenden Qualität des Bewußtseins oder Unterbewußtseins passen. Abgesehen davon, daß wir alle den Partner und die Lebensumstände anziehen, die zu unserem Selbstbild passen, wird jeder einzelne auch hier wieder die Technik anwenden, mit der er die Wirklichkeit formt und sie seinen Bedürfnissen anpaßt.

Beispielsweise kann es passieren, daß Ihr Partner eines Tages unerwartet freundlich ist und Blumen für Sie mitbringt. Darauf könnten Sie natürlich mit Freude reagieren, aber auch, indem Sie etwa folgendes denken: „Was wird er wohl wieder brauchen? Schließlich wird er das sicher nicht für mich tun."

Ein anderes Beispiel: Während der Ausbildung zum NLP-Practitioner werden wir manchmal fünf Tage lang zusammen in einem Kloster untergebracht, in dem auch alle Teilnehmer übernachten. Eine der Teilnehmerinnen wurde jeden Tag, während wir beim Mittagessen saßen, von ihrem Ehemann angerufen. Ihr gefiel das recht gut. Bei den anderen gab es Spekulationen darüber, warum der Ehemann wohl täglich anrief. Jemand äußerte, daß er wohl kontrollieren wolle, ob seine Frau auch wirklich die ganze Zeit anwesend sei. Ein anderer vertrat die Ansicht, daß ihr Mann vielleicht sichergehen wolle, daß seine Frau sich noch im Kloster befand und nicht überraschenderweise zu Hause auftauchen würde. Ein Dritter war ganz gerührt und schwärmte, wie herrlich es doch sei, wenn jemand so oft an einen denkt. Auf diese Weise gestaltet jeder seine eigene Welt und Wirklichkeit.

Wenn Sie bestimmte Dinge anziehen und andere Dinge umformen, so bedeutet dies unvermeidlich, daß Sie selbst die Quelle all Ihres Leidens sind. Dies einzusehen ist das Beste, was Ihnen passieren kann.

Denn stellen Sie sich vor, daß nicht Sie, sondern irgendein anderer die Quelle Ihres Leidens wäre, dann wären Sie bis ans Ende Ihrer Tage der Sklave, denn dann müßten Sie immerzu abwarten, was der andere mit Ihnen vorhat.

Je mehr Sie einsehen können, daß Sie selbst für Ihre Lebensqualität verantwortlich sind, desto besser werden Sie in der Lage sein, die Fäden selbst in die Hand zu nehmen.

Wie Sie mehr über sich selbst erfahren

Wie können Sie nun herausfinden, welche Beziehung Sie zu sich selbst haben? Wie findet man vor allem heraus, was man unterbewußt von sich selbst denkt? Denn hier drückt der Schuh! Wenn wir die bewußte, rationale Ebene und die unterbewußte, irrationale zusammenfügen, so beträgt der Anteil der unterbewußten wahrscheinlich an die 99 Prozent vom Ganzen. In der Tat wird der größte Teil Ihres Lebens von diesem großen Unbekannten – Ihrem Unterbewußtsein – beeinflußt. Dies erklärt auch, warum unser Leben oft so ganz anders aussieht, als wir es uns bewußt wünschen würden. Und ebenso erklärt dies, warum wir uns vom Verstand her so oft eine bestimmte Beziehung erträumen, während wir in Wirklichkeit eine ganz andere leben oder überhaupt keine haben.

Wie schaffen wir es nun, das unbekannte Unbewußte an die Oberfläche zu bringen?

Wenn wir eingesehen haben, daß unsere äußeren Umstände die Folge unseres Bewußtseinsinhaltes darstellen, dann müssen wir das Außen lediglich in einer neuen Weise betrachten, um die notwendigen Rückschlüsse auf unser eigenes Inneres ziehen zu können.

Wenn wir uns unsere „Schöpfung", unser Leben, betrachten und darüber hinaus auch wahrnehmen, was wir nicht „geschaffen" – also nicht geschafft – haben, dann bekommen wir eine Übersicht über unsere Lebensumstände und unsere Beziehungen. Wenn wir also die richtige Antwort erhalten wollen, müssen wir uns nur folgende Frage stellen: Welche Ideen, Einstellungen, Werte und Normen meines Bewußtseins und Unterbewußtseins haben das Leben bewirkt, das ich jetzt führe?

Um die verborgenen Einstellungen an die Oberfläche zu bringen, genügt es allerdings nicht, danach zu fragen, weil wir uns ihrer ja gar nicht bewußt sind. Wir können nur dahinterkommen, indem wir lernen, ganz genau auf das zu hören, was (unterbewußt) hinter unseren Einstellungen und unserem Verhalten steckt.

Robert Dilts, einer der Begründer des NLP, hat eine Reihe von Fragen aufgestellt, die Ihnen helfen werden, mehr Klarheit über sich selbst zu gewinnen. Im folgenden finden Sie einige davon. Sie brauchen zwar nicht alle Fragen durchzugehen, doch je mehr davon Sie sich selbst beantworten, desto größer ist die Wahrscheinlichkeit, daß Sie wertvolle Informationen erhalten.

1. Denken Sie einmal über Ihr Leben nach, und überlegen Sie, ob Sie manchmal übertrieben auf bestimmte Ereignisse oder auf das Verhalten Ihrer Mitmenschen reagieren.
a. Welche Art von Ereignissen oder welche Art von Verhalten löst diese Reaktion bei Ihnen aus?
b. Woher wissen Sie überhaupt, daß Ihre Reaktion übertrieben ist?
c. Welche Einstellungen haben sich in Ihr Unterbewußt-

sein eingeschlichen, aufgrund derer Sie das Ereignis oder das Verhalten in dieser Weise empfinden?

d. Welche Einstellung sich selbst gegenüber könnte für Ihr Verhalten verantwortlich sein?

e. Wie würden Sie sich am liebsten verhalten?

f. Was hält Sie davon ab?

g. Welche Meinung haben Sie über sich selbst, daß Sie so denken?

Um Ihnen bei der Ausführung dieser Übung zu helfen, werde ich Ihnen nun ein Beispiel mit fingierten Antworten geben, und zwar in der Reihenfolge der aufgeführten Fragen:

a. Sie haben sich mit Person X, die wichtig für Sie ist, bei sich zu Hause verabredet. X ist bereits 25 Minuten zu spät, und Sie warten noch immer.

b. Sie regen sich auf und sind beispielsweise der Ansicht, daß X ruhig hätte anrufen können. Sie werden richtig sauer. Zwar wissen Sie, daß Sie auch geduldig warten und solange etwas Sinnvolles machen könnten, aber Sie regen sich immer mehr auf.

c. Welche Einstellungen herrschen in Ihnen vor, die dafür verantwortlich sind, daß Sie auf diese Weise reagieren? Eine mögliche Antwort wäre: „Wenn man verabredet ist, muß man auch pünktlich kommen."

d. Welche Meinung, die Sie über sich selbst haben, könnte für Ihr Verhalten verantwortlich sein? Die Antwort kann lauten: „Jemand oder etwas anderes ist wohl wieder einmal wichtiger als ich."

e. Wie würden Sie sich am liebsten verhalten? Die mögliche Antwort: „Ich würde mich in der Wartezeit gern mit etwas beschäftigen, das ich erledigen möchte oder das mir angenehm ist."

f. Was hält Sie davon ab? Die Antwort könnte lauten: „Die Vorstellung, immer erst an zweiter Stelle zu kommen, macht mich wütend, und das hält mich davon ab, ruhig hier zu sitzen."

g. Welche Einstellung sich selbst gegenüber macht Sie glauben, erst an zweiter Stelle zu stehen? Eine mögliche Antwort wäre: „Daß ich weniger wertvoll bin als die anderen."

2. Welchen Tätigkeiten gehen Sie nach, und auf welche Tätigkeiten würden Sie gern verzichten? Wie sieht Ihre Meinung über sich selbst und die Welt aus, daß Sie diese Tätigkeiten dennoch ausführen?

3. Was für Tätigkeiten gibt es, die Sie eigentlich nicht ausführen möchten, dann aber doch ausführen, obwohl sie Sie traurig, ängstlich oder wütend machen? Inwiefern trägt Ihr Bild von sich selbst dazu bei, daß Sie so handeln?

4. Was gibt es für Dinge, die Sie nicht tun, auch wenn Sie sie noch so gern tun würden – Dinge, bei denen es so scheint, als würden Sie sich selbst nicht die Erlaubnis erteilen, sie zu tun?
Was für eine Einstellung haben Sie zu sich selbst und zu diesen Wünschen, daß Sie sie sich nicht erfüllen?

5. Was gibt es, das Sie schrecklich fänden, wenn es in bezug auf Sie wirklich zutreffen würde? Was ist das Schrecklichste, das Sie über sich selbst herausfinden könnten?

6. Was ist einmalig an Ihnen, was ist Ihr Geschenk an Ihre Umwelt – etwas, das die anderen vermissen wür-

den, wenn es Sie nicht gäbe? Was ist die Essenz Ihrer Persönlichkeit und Ihres Daseins?

7. Was würden Sie sich in bezug auf Ihre Selbstverwirklichung wünschen? Welche Meinung, die Sie über sich selbst haben, ist verantwortlich dafür, daß Sie das bisher noch nicht erreicht haben?

Wie Sie sehen, lautet die Schlüsselfrage etwa folgendermaßen: „Wie sieht meine Meinung über mich selbst und die Welt aus, daß ich so handle, wie ich handle? Wie ist mein Verhältnis zum Ereignis, daß ich mich so verhalte, wie ich es tue?"

Sie sollten nicht vergessen, daß die Tatsache, daß jemand zu spät zu Ihrer Verabredung kommt, auch ganz andere Ursachen haben kann, als Sie glauben. Auch hier gilt wiederum, daß das, was wirklich geschieht, für Sie nicht viel zur Sache tut; das einzige, was wirklich für Sie zählt, ist, was Sie daraus machen. Wie ich vorhin schon ausgeführt habe, ist es nicht die Maus, die Ihnen angst macht, sondern Ihre Vorstellung von der Maus. Jemand, der sich in seiner Haut wohl fühlt, wird vielleicht denken: „Es trifft sich gut, daß mein Besucher zu spät kommt, denn nun kann ich endlich mal den Artikel in der Zeitschrift lesen, wofür ich bisher noch keine Zeit gehabt habe." Auf diese Weise macht er aus der Verspätung des Besuchers ein Geschenk an sich selbst.

Was haben Sie in der vorigen Übung über sich selbst entdecken können, was Ihr Unterbewußtsein verdeckt hatte? Halten Sie sich für einen wertvollen Menschen? Oder sehen Sie sich als Versager? Glauben Sie, daß Sie es nicht wert sind, daß man Ihnen Beachtung schenkt?

Was fangen Sie mit Informationen über sich selbst an?

Diejenigen, die durch die vorige Übung zu der Erkenntnis gelangt sind, daß sie ein sehr gutes Selbstwertgefühl haben, das sich auch in ihrem Leben manifestiert hat, können die folgende Grundübung für Bereiche einsetzen, in denen sie sich ihrer Sache noch nicht so sicher sind, wie sie es gern wären, weil sich dort noch unterbewußte, negative Einstellungen eingeschlichen haben.

Diejenigen, die an sich selbst zweifeln und von sich glauben, daß sie wertlos sind, können mit Hilfe dieser Übung einen ersten Schritt machen, um diese Einstellung zu verändern.

Die Übung basiert auf einem Modell, das von Robert Dilts entwickelt wurde und von einem der Grundprinzipien des NLP ausgeht, daß nämlich jeder in seinem Inneren über Anlagen verfügt, die ihm helfen, eine Lösung für sein Problem zu finden. Ich habe diese Übung in zahlreichen Workshops eingesetzt und entsprechend weiterentwickelt. Dabei habe ich gemerkt, daß sie nicht nur sehr einfach auszuführen ist, sondern daß sie in der Vorbereitungsphase auch interessante Informationen liefert.

Das Prinzip ist einfach: Wir stoßen die nutzlosen Einstellungen ab und ersetzen sie durch nützliche, und zwar in dieser Abfolge:
– Wir formulieren die Einstellung, die wir gern verwandeln oder loswerden wollen;
– wir verschieben diese Einstellung in eine Atmosphäre, in der sie zweifelhaft wird;
– wir bringen sie ins Museum unserer Lebensgeschichte, in dem noch andere Einstellungen stehen, die ein-

mal Bedeutung für uns gehabt, sich später aber als unwahr herausgestellt haben (wie beispielsweise die Vorstellung vom Knecht Ruprecht, der die bösen Kinder in den Sack steckt).

Um eine neue Einstellung zu übernehmen, gehen wir folgendermaßen vor:
- Wir formulieren eine neue, nützlichere Einstellung;
- wir erfahren sie als eine wunderbare neue Möglichkeit, die wir ganz und gar aufblühen lassen;
- wir integrieren sie in die Sammlung jener Einstellungen, derer wir uns derzeit bedienen und die unsere Identität wie auch unser Verhalten mitbestimmen.

Wir beginnen nun mit diesem Prozeß, den wir in den beiden folgenden Kapiteln fortsetzen wollen.

Vorbereitung auf die Übung

Blicken Sie auf Ihr Leben zurück, und stellen Sie fest, ob sich jemals eine drastische Veränderung einer Einstellung in Ihrem Leben vollzogen hat. Achten Sie auf Bereiche wie Religion, Politik, Partnerschaft, Tod, Sex, Gesundheit, Spiritualität, Geld, Erfolg, Lernprozesse und dergleichen mehr. Meist steckt hinter einer solchen Veränderung ein Überraschungsmoment oder ein Impuls oder Einfluß von außen, ein Ereignis, ein Buch oder auch eine Enttäuschung.

Es ist wichtig, daß Sie sich an ein paar solcher Veränderungen erinnern, um ihrem Unterbewußtsein auf diese Weise zu zeigen, daß die Änderung von Einstellungen ein Teil Ihrer Entwicklung ist. Diese Vorstellung kann bei der

Vorbereitung für die Anpassung, die wir nun vornehmen werden, hilfreich sein. Notieren Sie sich diese Veränderungen, und bedenken Sie, daß Ihre alten Einstellungen sich bereits im Museum Ihrer Vergangenheit befinden.

Wenn Sie die nutzlosen Einstellungen und ihren Zusammenhang mit Ihrem Selbstwertgefühl herausgefunden und in kurzen Worten ausformuliert haben, untersuchen Sie anschließend, welche Vorteile diese nutzlosen Einstellungen für Sie gehabt haben mögen, denn Ihr Unterbewußtsein, das es gut mit Ihnen meint, wird diese Vorteile nicht ohne weiteres preisgeben wollen, und das wäre auch schade.

Fragen Sie sich, welches die versteckten Vorteile der jeweiligen Einstellung sein könnten und welche davon Sie gern weiterhin nutzen möchten.

Angenommen, Sie glauben von sich selbst, nicht viel wert zu sein, dann werden Sie auch kaum bereit sein, sich für jedes Ziel, das Ihnen in den Kopf kommt, voll und ganz einzusetzen. Das hat den Vorteil, daß Sie weniger Risiken eingehen als ein Draufgänger.

Das „Einpflanzen" einer neuen Einstellung

Beim nächsten Schritt geht es darum, eine neue Einstellung zu entdecken, die die Vorteile der alten beinhaltet, darüber hinaus aber auch neue Elemente enthält, die Ihnen helfen werden, die Veränderungen zu bewirken, die Sie sich für Ihr Leben wünschen.

Stellen Sie sich dazu folgende Frage: „Welche Einstellung mir und meiner Umwelt gegenüber würde gut zu dem neuen Verhalten passen, das ich gern annehmen würde?" Wenn Ihnen die Antwort darauf nicht so leicht einfällt, schauen Sie sich einmal Menschen an, die in Bereichen Erfolg haben, in denen Sie nicht erfolgreich sind, und fragen Sie sich: „Wie steht diese Person zu sich selbst, daß sie das zu leisten vermag?"

Formulieren Sie Ihre neue Einstellung knapp und kraftvoll und in positiver Weise. Sprachlich gesehen ist das Unterbewußtsein wie ein kleines Kind: Es weiß nichts mit Verneinungen anzufangen, denn es überhört das Wort „nein".

Ein Beispiel für eine sprachliche Formulierung in negativer Form wäre: „Ich bin *nicht* weniger wert als ein anderer." Diese negativen Formulierungen müssen Sie unbedingt vermeiden. Die positive Formulierung derselben Aussage wäre: „Ich bin genauso viel wert wie jeder andere."

Die Notwendigkeit einer positiven Formulierung ergibt sich aus der Tatsache, daß Ihr Unterbewußtsein sich eines Teils des Gehirns unterhalb des Cortex bedient, der sich ausschließlich mit sinnlicher Wahrnehmung beschäftigt, mit dem Sicht-, Hör- und Fühlbaren. Der Begriff „nicht" hängt eher mit dem abstrakten und analytischen Denken zusammen, das in einem höheren Teil des Cortex stattfindet.

Wenn Sie möchten, können Sie dies bei sich selbst kurz austesten. Legen Sie dieses Buch einen Augenblick lang weg, und denken Sie etwa zehn Sekunden lang auf keinen Fall an rosarote Elefanten. Ich bin mir sicher, daß Sie schon während des Lesens an rosarote Elefanten gedacht haben. Nachdem die rosaroten Elefanten vor Ihrem inneren Auge erschienen sind, haben Sie wahrscheinlich Ihr abstraktes Denkvermögen eingeschaltet, um die Elefanten wieder verschwinden zu lassen. Das ist jetzt zwar nur ein harmloser Test, aber bedenken Sie einmal, was mit Menschen passiert, denen man zum Beispiel „Keine Panik, keine Panik!" zuruft. Stellen Sie sich vor, was in kleinen Kindern vorgeht, wenn Sie sagen: „Das darfst du nicht anfassen!" Sie werden ihre Schwierigkeiten damit haben, da ihr abstraktes Denkvermögen noch nicht so weit entwickelt ist, um dies zu verstehen. Ihr Bewußtsein reagiert spontan auf *anfassen*.

Machen Sie es sich selbst und den Kindern einfach, indem Sie sich angewöhnen, Sätze wie „Laß die Finger davon" zu gebrauchen. Beachten Sie bei der positiven Formulierung einer neuen Einstellung immer, daß diese in allen Bereichen Ihres Lebens „ökologisch" zu verantworten ist. Achten Sie auch darauf, daß sie nicht verletzend ist.

Dies können Sie tun, indem Sie sich ein Bild von sich selbst in der Zukunft machen, in der Sie die neue Einstellung bereits übernommen haben. Beobachten Sie, wie Sie sich mit dieser neuen Einstellung verhalten, „steigen" Sie in dieses Bild ein, und erleben, sehen, hören und fühlen Sie, welche Auswirkungen Ihr neues Verhalten auf alle Bereiche Ihres Lebens hat.

Wenn Sie das Ganze noch optimieren möchten, fragen Sie sich, welche Elemente dazu beitragen können, das Resultat noch zu verbessern, oder welche Elemente Sie besser entfernen sollten.

Letzte Vorbereitung

Die nächste Phase der Vorbereitung erfüllt verschiedene Funktionen. Dabei geht es um das Austesten der richtigen Formulierung und darum, herauszufinden, ob es keine Einwände von seiten Ihres Unterbewußtseins gibt. Außerdem beginnen Sie bereits, die neue Formulierung in Ihrem Unterbewußtsein zu „installieren", indem Sie sie aufschreiben.

Nehmen Sie ein Blatt Papier zur Hand, und ziehen Sie in der Mitte des Blattes einen Strich von oben nach unten, so daß eine linke und eine rechte Hälfte entsteht.

Schreiben Sie Ihre neue Einstellung auf die linke Seite des Blattes. Notieren Sie sich auf der rechten Seite ganz spontan, welches Gefühl nun in Ihnen aufsteigt (Freude, Zweifel, Unglaube, Ekstase, Enthusiasmus).

Notieren Sie sich dieses Gefühl in Form eines Wortes. Warten Sie einen Moment, und schreiben Sie dann noch mal die gleiche neue Einstellung auf die linke Seite, diesmal in die zweite Zeile. Schreiben Sie sich rechts wieder auf, welches Gefühl unmittelbar in Ihnen aufsteigt. Wiederholen Sie dies 21mal.

Schauen Sie sich Ihre Liste an, und bewerten Sie für sich selbst, ob Ihre Gefühle Ihre neue Einstellung überwiegend unterstützen oder nicht. Falls nötig, überlegen Sie nochmals, welche Elemente mit in die Einstellung aufgenommen beziehungsweise eliminiert werden müssen, und passen die Formulierung so lange an, bis Sie ein überwiegend gutes Gefühl haben.

Wie Sie den Raum schaffen, in dem sich Ihr Selbstbild verwandeln kann

Nun kommen wir zur Vorbereitung des Raumes, in dem diese Übung stattfindet. Schreiben Sie zunächst die von Ihnen als nutzlos erkannte Einstellung auf ein Stück Papier, und notieren Sie sich die neue, nützliche Einstellung, die Sie gern übernehmen würden, auf einem anderen Blatt. Nehmen Sie nun sieben Zettel, die Sie wie folgt beschriften:

1. Sammlung sämtlicher Einstellungen (nehmen Sie hierfür ein ganzes Blatt. Für die nächsten sechs Zettel zerteilen Sie ein großes Blatt in sechs gleiche Teile.)
2. Ihre neue Einstellung
3. Offenheit für Neues
4. Aufkommender Zweifel
5. Museum der alten Einstellungen
6. Identität
7. Neutral

A. Gestalten Sie nun einen Raum von mindestens zwei Meter Länge und einem Meter Breite, in dem Sie die Voraussetzungen schaffen, um nutzlos gewordene Einstellungen zu transformieren. Legen Sie die Zettel in folgendem Muster aus:

6.

1.

4.   3.

5.   2.

7.

Beginnen Sie nun, dem Raum eine Bedeutung für Ihr Unterbewußtsein zu geben. Dazu schreiten Sie jede Position des Musters ab und bleiben stehen, um sie mit einem dazugehörigen Gefühl zu verbinden. Am besten gelingt dies, wenn Sie die Gefühle an dem jeweiligen Punkt aufleben lassen und die Energie des Gefühls dort zurücklassen. Im NLP wird das als räumlicher Anker bezeichnet.

Es gibt einen Punkt, an dem sämtliche Einstellungen, die Ihr Leben bisher noch bestimmen, versammelt sind (Position 1). Gehen Sie zu dem Punkt, und legen Sie den Zettel mit den nutzlosen Einstellungen auf Blatt 1, „Sammlung sämtlicher Einstellungen". Gehen Sie dann zu Position 7 zurück.

Sorgen Sie dafür, daß Sie jedesmal, bevor Sie auf Position 7, also auf die neutrale Position, zurückkehren, das Gefühl der Position, von der Sie gerade kommen, loslassen. Vermeiden Sie es also, das Gefühl einer bestimmten Position zur nächsten mitzunehmen. Am einfachsten geht das, wenn Sie Ihre Aufmerksamkeit kurz auf etwas im Zimmer richten, etwa einen blauen Gegenstand fixieren, einem bestimmten Geräusch lauschen oder auch kurz auf- und abhüpfen und Ihre Hände ausschütteln, als hätten Sie sie gerade gewaschen und wollten sie jetzt trockenschütteln.

B. Stellen Sie sich nun die *neue* Einstellung vor, die Sie noch nicht übernommen haben und gern „installieren" würden. Gehen Sie zu Position 2, legen Sie dort Ihren Zettel ab, auf dem die neue Einstellung formuliert ist, und denken Sie an diese Einstellung. Nehmen Sie eine Körperhaltung ein, die zu dieser Einstellung paßt, wiederholen Sie die Einstellung innerlich, und stellen Sie fest, wie sich das anfühlt. Achten Sie darauf, in welchem Körperbereich Sie dieses Gefühl wahrnehmen… Bleiben Sie noch kurz auf Position 2 stehen, und lassen Sie diesen Punkt zu einem Anker für Ihre neue Einstellung werden. Gehen Sie dann zur neutralen Position 7 zurück, und schütteln Sie dieses angenehme Gefühl ab, damit Sie es nicht zur nächsten Position mitnehmen, wo wir ein anderes Gefühl einsetzen müssen.

C. Leider kann eine neue Einstellung nicht ohne weiteres an die Stelle einer alten treten, so daß wir auf Zwischenstationen angewiesen sind. Bewegen Sie sich nun zu Position 3, und denken Sie an Momente Ihres Lebens zurück, in denen Sie bereit waren, sich für etwas Neues zu öffnen. Vielleicht haben Sie irgendwann zum ersten Mal etwas über die Heilkraft der Kräuter gelesen und sich dabei gedacht, daß es wunderbar wäre, wenn dies zuträfe. Oder Sie haben sich einmal für eine Stelle beworben und darüber nachgedacht, wie es wohl wäre, genommen zu werden; und später wurden Sie dann tatsächlich genommen. Vergegenwärtigen Sie sich kurz dieses Gefühl der Erwartung, und spüren Sie, wie und wo sich dieses Gefühl in Ihrem Körper manifestiert… Gehen Sie dann wieder zu Position 7 zurück.

D. Gehen Sie nun zu Position 4, und denken Sie an Ihre Vergangenheit zurück. Suchen Sie nach einer Erinnerung an eine Zeit, in der Sie an etwas zu zweifeln begannen, an das Sie zuvor fest glaubten. So gab es wahrscheinlich einmal eine Zeit, in der Sie der festen Überzeugung waren, daß Knecht Ruprecht kommen und Sie in den Sack stecken würde, wenn Sie böse waren – und dann kam die Zeit, in der die Hälfte Ihrer Klasse noch an ihn glaubte und die andere Hälfte schon nicht mehr. Dieses Gefühl aufkommenden Zweifels benötigen wir jetzt. Beobachten Sie, wo sich dieses Gefühl in Ihrem Körper manifestiert, und lassen Sie es dann auf Position 4 zurück. Wenn Sie damit fertig sind, gehen Sie wieder zu Position 7 zurück.

E. Nun wollen wir einen Ort schaffen (5), an dem alle Einstellungen, die wir früher einmal vertreten haben, selig ruhen – eine Art Museum unserer persönlichen Lebensgeschichte. Werfen Sie einmal einen Blick auf alles, was Sie früher einmal geglaubt haben und von dem Sie nun wissen, daß es sich ganz anders verhält. Betrachten Sie diese Dinge, und gehen Sie dann wieder zur neutralen Position 7 zurück.

F. Nun werden wir einen Ort schaffen, an dem wir uns unserer Identität bewußt werden (6), unserer Sendung beziehungsweise der Mission unseres Lebens. Hier denken wir darüber nach, was wir in unserem Leben noch verwirklichen wollen. Vergessen Sie nicht, auch Ihre spirituelle Entwicklung und die damit zusammenhängende Mission einzubeziehen. Wenn Sie damit fertig sind, kehren Sie wieder zu Position 7 zurück.

Damit ist die Vorbereitung abgeschlossen.

Wie verborgene, hemmende Einstellungen verwandelt werden können

Nachdem wir die nötigen Voraussetzungen geschaffen haben, können wir nunmehr unsere ganze Aufmerksamkeit auf den Prozeß der Transformation lenken. Führen Sie diese Übung so gut und wahrheitsgetreu aus, wie es Ihnen möglich ist. Die Kahuna, die Magier Hawaiis, waren Meister im Umgang mit dem Unterbewußtsein. Sie benutzten es, um Spontanheilungen herbeizuführen oder chronische Leiden abzuwenden. Sie behaupteten, daß unser Unterbewußtsein ein stark eingeschränktes rationales Begriffsvermögen hat, das mit dem Stand eines zwei- bis fünfjährigen Kindes zu vergleichen ist. Das ist wichtig, um zu verstehen, in welcher Weise das Unterbewußtsein und das Bewußtsein zusammenwirken können.

Das Unterbewußtsein erfaßt die Welt lediglich durch sinnlich wahrnehmbare Objekte, wie beispielsweise Orte, Bilder, Gefühle oder Geräusche. Daher genügt es ihm nicht, wenn man nur etwas sagt oder an etwas denkt. Nehmen Sie sich ausreichend Zeit, um die folgende Übung gründlich auszuführen, bei der das Erspüren von Gefühlen im Körper eine große Rolle spielt. Der bewußte Verstand sendet dem Unterbewußtsein die Impulse, und wenn es Ihnen gelingt, *Sehen*, *Hören* und *Fühlen* bewußt zusammenzukoppeln, stellen Sie dadurch eine neue Verbindung innerhalb Ihres neuronalen Netzwerkes her.

Wenn Sie diese Technik gründlich und in aller Ruhe durchführen, kann sie zum Wendepunkt Ihres Lebens werden, den Sie womöglich schon seit Jahren herbeigesehnt haben.

Der Transformationsprozeß

A. Gehen Sie zu der Position, an der sich die Gesamtheit Ihrer Einstellungen befindet (1); betrachten Sie die nutzlose Einstellung, heben Sie den Zettel auf, auf dem sie niedergeschrieben ist, sagen Sie sie sich innerlich vor, und spüren Sie, auf welche Weise und wo sich das entsprechende Gefühl in Ihrem Körper ausbreitet. Gehen Sie nun rückwärts zu Position 4, der Position des aufkommenden Zweifels, und nehmen Sie den Zettel mit der nutzlosen Einstellung und das dazugehörige Gefühl mit.

B. Versuchen Sie, genau wie vorhin Kontakt mit dem Gefühl des aufkommenden Zweifels aufzunehmen. Legen Sie den Zettel mit der unnützen Einstellung an diesem Platz ab. Stellen Sie sich selbst die notwendigen Fragen darüber, ob diese Einstellung überhaupt zutrifft, und ziehen Sie die notwendigen Argumente hinzu, die Sie daran zweifeln lassen. Beobachten Sie, wo Sie das Gefühl beginnenden Zweifels spüren können, wiederholen Sie die nutzlos gewordene Einstellung innerlich noch einmal, schütteln Sie ein paarmal den Kopf, um Ihrem Zweifel Ausdruck zu verleihen, und führen Sie dann Argumente auf, die die nutzlose Einstellung entkräften. Sobald Sie das Gefühl des Zweifels bezüglich der nutzlosen Einstellung spüren können, lassen Sie die Einstellung im Schmelztiegel des Zweifels zurück und gehen wieder zur neutralen Position 7.

C. Während Sie auf der neutralen Position stehen und sich mit anderen Dingen beschäftigen, wird der Prozeß anwachsenden Zweifels sich wie eine nach unten ziehende Spirale fortsetzen, und die Einstellung wird schwächer und schwächer werden. Richten Sie Ihre Aufmerksamkeit nun auf etwas anderes, etwa auf die Farbe der Tapeten, auftretende Geräusche… Wenn Sie innerlich wieder einen neutralen Standpunkt erreicht haben, gehen Sie zu dem Platz, an dem sich die neue Einstellung befindet (Position 2). Nehmen Sie den Zettel mit der neuen Einstellung zur Hand, und nehmen Sie Fühlung mit der neuen Einstellung auf, strecken Sie also sozusagen die Fühler in

Ihrem Körper aus. Beobachten Sie, wie sich Ihre Körperhaltung dieser neuen Einstellung anpaßt, und sagen Sie sich diese Einstellung nochmals innerlich vor. Gehen Sie nun zu der Position, auf der Sie das Gefühl von Offenheit für Neues erfahren konnten (3). Lassen Sie das Gefühl der Offenheit und freudigen Erwartung noch einmal in Ihrem Körper aufleben. Sprechen Sie mit sich selbst, und finden Sie Argumente, die Ihnen die neue Ansicht interessant und wertvoll erscheinen lassen. Führen Sie die Vorteile auf, und nehmen Sie wahr, wie sich das anfühlt. Lassen Sie die neue Einstellung nun an diesem Punkt zurück, so daß sie wie eine sich nach oben drehende Spirale anwachsen kann. Kehren Sie wieder zur neutralen Position 7 zurück.

D.   Versetzen Sie sich wieder in eine neutrale Stimmung, und gehen Sie dann zum „Zweifel-Schmelztiegel"(4). Nehmen Sie den Zettel mit der nutzlosen Einstellung, und gehen Sie *rückwärts* zum Museum (5), wo Sie diese Einstellung zwischen allen anderen alten Einstellungen abstellen, die sich als falsch herausgestellt haben. Geben Sie dieser letzten alten Einstellung einen Ehrenplatz, und bedanken Sie sich bei ihr für all die guten Dienste, die sie Ihnen geleistet hat. Schließlich hat sie Sie zu jenem Punkt gebracht, an dem Sie nun gelandet sind – bereit, sich bewußt mit Ihrer Selbsterkenntnis zu beschäftigen. Nehmen Sie sich genug Zeit, um Abschied zu nehmen ... und kehren Sie dann wieder zu Position 7 zurück.

E.   Neutralisieren Sie die Stimmung, die Sie „im Museum" hatten, und holen Sie jetzt die neue Einstellung auf Position 3 ab, dem Platz, an dem sie richtig aufgeblüht ist. Fühlen Sie, wie sie sich verändert hat, und bringen Sie sie dann zu jenem Punkt, an dem sich alle anderen Einstellungen befinden (1). Legen Sie sie dort ab, und erspüren Sie, wie sich das in Ihrem Innersten anfühlt. Spüren Sie, wie sich Ihre Körperhaltung verändert, wenn Sie ganz und gar „hineingehen". Wiederholen Sie die Formulierung innerlich, und nehmen Sie eine Haltung ein, die zu dieser Einstellung paßt.

F. Gehen Sie nun zu Position 7, drehen Sie sich um, und überblicken Sie von dieser Position aus den Raum, in dem Sie geübt haben. Erinnern Sie sich an die Mission, die Sie zu erfüllen haben, und an die Entwicklung, die Sie noch durchzumachen wünschen.

Untersuchen Sie, inwiefern Ihre neue Einstellung diese Mission unterstützt und ob Sie noch etwas an ihr verändern möchten. Wenn ja, verändern Sie es jetzt, und spüren Sie, wie sich die Ergänzung oder Korrektur anfühlt. Wenn sie sich gut anfühlt, kehren Sie zu Position 1 zurück und nehmen die neue Einstellung ganz und gar in Ihr Herz auf.

G. Bedanken Sie sich bei Ihrem Unterbewußtsein für seine Mitarbeit. Drehen Sie sich dann mit dem Gesicht zu Position 6, und denken Sie an die erste Situation in der nahen Zukunft, in der sich Ihre neue Einstellung manifestieren wird. Erleben und spüren Sie, wie es ist, diese neue Einstellung übernommen zu haben. Betrachten Sie Ihr neues Verhalten, und sagen Sie sich, daß Sie von heute an immer mehr zu der Person werden, die Sie gern sein möchten.

Sie können diese Übung allein durchführen, aber Sie werden merken, daß Sie sich viel besser konzentrieren und auch die Form besser einhalten können, wenn Ihnen ein Partner die Übung Schritt für Schritt vorliest, während Sie sie machen. Im Anschluß daran können Sie das gleiche dann für den anderen tun, denn schließlich hat jeder Mensch eine Vielzahl überholter Einstellungen aus seiner Vergangenheit, die ihn in seinem Verhalten und in seiner Entwicklung behindern.

Noch eine wichtige Anregung: Unser Unterbewußtsein ist genau wie ein Kind auf Wiederholung und Unterstützung angewiesen. Es wäre eine gute Angewohnheit, sich jeden Morgen einige Minuten Zeit zu nehmen, um sich auf die wichtigsten Ereignisse und Treffen des kommenden Tages vorzubereiten. Projizieren Sie vor Ihrem inneren Auge ein Bild der entsprechenden Situation, und betrachten Sie sich selbst wie in einem Film. Wiederholen Sie innerlich die neue Einstellung, und beobachten Sie, wie Sie sich mit deren Hilfe sich selbst gegenüber verhalten. Schlüpfen Sie dann in das Bild, das Sie sich von sich selbst gemacht haben, und erleben Sie die Situation, als würden Sie mit Ihrer neuen Einstellung mittendrin stecken. Auf diese Weise verstärken Sie Ihre neue Einstellung, und gleichzeitig geben Sie Ihrem Leben mehr Richtung und korrigieren Ihr künftiges Verhalten, so daß Sie mehr und mehr zum bewußten Schöpfer Ihres Lebens werden, Tag für Tag.

Welches Verhältnis haben Sie zu Beziehungen?

Das erste und entscheidende Muster für eine Beziehung zwischen zwei Menschen ist zweifellos das, welches Sie in Ihrer Kindheit von morgens bis abends miterlebt, gesehen und gehört haben. Damit meine ich die Art und Weise, in der Ihre Eltern miteinander umgegangen sind. In dieser Zeit wurde das ursprüngliche Programm installiert. In der Folge haben wir dann noch verschiedene andere Vorbilder erfahren und haben das Programm entsprechend verändert. Es ist jedoch wirklich faszinierend, wenn man in verschiedenen Workshops miterlebt, wie die Teilnehmer oft nahezu buchstäblich das wiederholen, was sie in ihrem Unterbewußtsein von ihren Eltern mitgebracht haben.

In einem Workshop zum Thema Partnerschaft begegnete ich kürzlich einer Frau, die nach siebzehn Jahren Ehe Witwe geworden war und seitdem keine neue Beziehung eingegangen ist, obwohl sie – zumindest bewußt – sicherlich nichts gegen eine neue Beziehung gehabt hätte. Als ich ihr einige Fragen dazu stellte, wurde ihr bewußt, daß auch ihre Mutter nach siebzehn Jahren Ehe Witwe geworden war und danach keine neue Beziehung mehr gehabt hatte.

Leider genügt es nicht, sich solcher Muster bewußt zu werden. Wenn Sie ein derartig eingefahrenes Muster umwandeln wollen, ist es notwendig, sich folgende Fragen zu stellen: Wie sahen die Einstellungen meines Vaters und meiner Mutter zu Beziehungen aus? Welches Verhältnis hatten sie zu ihren Beziehungen? Was habe ich davon übernommen, das sich in meinem Leben manifestiert hat, und was möchte ich von heute an daran ändern? Was möchte ich von jetzt an vermeiden, und in welche Richtung möchte ich mich bewegen, wo will ich hin?

Um diese Informationen an die Oberfläche zu bekommen, werde ich gleich wieder ein paar Fragen stellen. Doch bevor ich damit beginne, möchte ich betonen, daß Ihre Eltern das Beste getan haben, was sie tun konnten. Sie haben die Entscheidung für ihr Verhalten getroffen, zu der sie aufgrund ihrer Einstellungen, ihrer emotionalen Hemmungen und aufgrund der Grenzen, die die damalige Kultur ihnen setzte, fähig waren. Ihr Verhalten war ebenso wie Ihr eigenes von ihrem Weltbild und den Informationen abhängig, die ihnen damals zur Verfügung standen.

Gehen wir zunächst mit dem rationalen Verstand an die Sache heran.

– Beschreiben Sie, wie Sie die Beziehung zwischen Ihrem Vater und Ihrer Mutter erlebt haben, als Sie noch ein Kind waren.

– Denken Sie dabei an die Verteilung ihrer Verantwortung, ihre emotionale Beziehung, ihre Haltung sich selbst gegenüber, was beispielsweise Anteilnahme, Sex und andere Bereiche betrifft, die Ihnen auffielen.

– Wie haben Sie Ihren Vater erlebt?

– Wie haben Sie Ihre Mutter erlebt?

– Welche Schlußfolgerungen haben Sie wohl damals in bezug auf Beziehungen im allgemeinen gezogen?

Werfen wir nun einen kurzen Blick hinter die Kulissen und fragen uns, welche Einstellungen die Beziehung zwischen Ihrem Vater und Ihrer Mutter geformt haben mögen.

– Wie hat Ihr Vater Ihre Mutter gesehen, um die Art

von Beziehung zu ihr zu haben, die er hatte?
– Wie hat Ihre Mutter Ihren Vater gesehen, um die Art von Beziehung zu ihm zu haben, die sie hatte?
– Welche Einstellung hatte Ihr Vater sich selbst gegenüber als Ehemann?
– Welche Einstellung hatte Ihre Mutter bezüglich Ihrer Rolle als Ehefrau sich selbst gegenüber?
– Wie hätten Ihr Vater und Ihre Mutter es besser machen können?
– Welche Eigenschaften oder Informationen hätten sie benötigt, um es besser zu machen?

Ihre Antworten auf diese Art von Fragen können Ihnen wertvolle Informationen geben. In Menschen, die Probleme mit ihren Beziehungen haben, hat sich nicht selten irgendwann die Vorstellung festgesetzt, daß Beziehungen nicht glücklich machen und daß in einer Beziehung immer einer von beiden das Opfer ist, ausgebeutet wird, sich unterdrückt fühlt und keine Chance hat.

Wenn Sie eine solche unterbewußte Einstellung hegen, wird ein Teil Ihres Unterbewußtseins Sie davor beschützen wollen, eine Beziehung einzugehen, indem es Ihnen immerzu suggeriert, daß eine Beziehung schädlich für Sie ist. Das Unterbewußtsein verfügt über seine eigenen, originellen Möglichkeiten, um Sie zu beschützen. Meistens tut es das, indem es immer wieder Partner anzieht, die auf irgendeine Weise verschwinden oder mit denen Sie keine bleibende Beziehung leben können.

Ich erinnere mich an eine Frau, die sich in einen Mann verliebte. Einen Monat vor der Hochzeit wurde er von einer Straßenbahn überfahren und starb. Nach einer langen Zeit der Einsamkeit fühlte sie sich wieder zu einem Mann hingezogen, der einige Monate später plötzlich nach Afrika auswanderte, um dort allein zu leben. Etwas später verliebte sie sich erneut in einen Mann, bei dem sich nach einiger Zeit herausstellte, daß er verheiratet war, sich aber scheiden lassen wollte. Unglücklicherweise wurde seine Frau jedoch krank und bedurfte der Pflege. Nach zehn Jahren hatte sich dieser Zustand noch immer nicht verändert, und die besagte Frau war inzwischen schon 45 Jahre alt geworden.

Eine andere Teilnehmerin eines Workshops, die nie eine wirklich lange andauernde Beziehung gehabt hatte, verliebte sich in einen Priester aus einem exotischen Land, der hier an der Universität studierte. Sie hatten eine intensive Beziehung, und schließlich kehrte der Mann in sein Heimatland zurück, um dort den Austritt aus dem Priesterstand zu bewirken. Nach einem Jahr ließ er sie wissen, daß er die Beziehung lieber doch beenden wolle. Die Frau reist gern und oft, ist sozial engagiert und fragt sich jetzt (wird sich bewußt), ob das „Häuschen mit Garten und Haustier"-Muster und eine Beziehung ihr nicht bei der Realisierung dessen, was sie wirklich in ihrem Leben erreichen will, im Wege stehen. In ihr könnte die unterbewußte Einstellung verborgen sein, daß man in einer Beziehung nicht man selbst sein kann und in seiner Freiheit viel zu stark eingeschränkt wird.

Wie ist Ihre Einstellung zu Beziehungen? Was glauben Sie, kann eine Beziehung Ihnen bedeuten? Und welchen Glauben über Beziehungen hegen Sie tief in Ihrem Herzen, der dazu geführt hat, daß Sie die Art von Beziehung(en) angezogen haben, die Sie in Ihrem bisherigen Leben erfahren haben?

Wie Sie Ihre persönliche Geschichte umschreiben können

Die folgende Technik, bei der es um das Umschreiben Ihrer persönlichen Geschichte geht, ist ein sehr wichtiges Hilfsmittel für die Transformation. Ich lade Sie ein, sie auszuprobieren.

Ihre Geschichte ist äußerst wichtig, weil Sie sich immer auf sie beziehen. Wenn Sie eine Maus betrachten, sehen Sie nicht die Maus an sich. Sie beziehen sich auf Ihre Vergangenheit, um herauszufinden, wie Sie auf die Maus reagieren werden. Also sehen Sie weniger die jetzige Maus, als vielmehr die Maus aus Ihrer Vergangenheit.

Diese Art des Vergleiches werden wir uns nun zunutze machen, indem wir die Informationen, auf die wir uns beziehen, umformen, bis daraus eine Wirklichkeit entsteht, die nützlicher für uns ist. Ein sehr interessanter Aspekt der Vergangenheit ist nämlich der, daß sie nicht mehr existiert.

Das Vergangene ist unwiderruflich vorbei. Das einzige, was davon übrigbleibt, sind Erinnerungen. Diese Erinnerungen bestehen aus Bildern, Geräuschen und damit zusammenhängenden Gefühlen. Es ist äußerst wichtig zu begreifen, daß diese Bilder, Geräusche usw. nicht mit der Wirklichkeit übereinstimmen. Warum nicht? Weil wir von den Hunderttausenden von möglichen Standpunkten nur einen einzigen eingenommen haben.

Vergessen Sie nicht, daß Ihre Wirklichkeit in der Vergangenheit durch die *Art und Weise* entstanden ist, in der Sie sie damals betrachtet haben, wie auch durch die Bedeutung, die die Worte, die Sie damals gehört haben, für Sie hatten. Als Kind haben Sie die Welt durch die Brille des Kindes betrachtet. Sie verfügten noch nicht über die Informationen und die Einsichten, die Sie heute haben. Könnten Sie nun, als Erwachsener, dasselbe noch einmal erleben, würden Sie es in anderer Weise erleben, und Sie würden eine andere Wirklichkeit daraus machen.

Wenn Sie heute die Bilder und Geräusche erneut sehen und erleben könnten, und zwar durch die Brille des Erwachsenen, der Sie jetzt sind, dann würden dieselben Erinnerungen eine andere Färbung erhalten und andere Gefühle erzeugen. Und – was noch viel wichtiger ist – auch Sie würden ein anderes Verhalten an den Tag legen. Es wäre daher sehr angenehm, wenn wir die Vergangenheit verändern könnten.

Kann man das denn, die Vergangenheit verändern?

Technisch gesehen ist dies sehr viel einfacher, als Sie denken. Vielleicht wissen Sie, wie man einen Brief auf dem Computer schreibt. Sie schreiben den Brief und wollen noch ein wenig darüber nachdenken, da es um eine nicht unwichtige und sogar etwas heikle Angelegenheit geht. Sie geben dem Brief also einen Dateinamen und speichern ihn ab. Am nächsten Tag läuft Ihnen jemand über den Weg, der etwas mit dem Brief zu tun hat, aber eine völlig andere Meinung vertritt, die Sie dazu zwingt, Ihren Standpunkt zu verändern. Glücklicherweise haben Sie den Brief noch nicht abgeschickt, also rufen Sie ihn nochmals auf, verändern einige Dinge und verschieben die Akzente ein wenig, so daß der Brief eine etwas andere Tendenz bekommt und mit einem anderen Gefühl verbunden wird. Der Computer fragt: „Möchten Sie die Änderungen speichern?" Geben Sie „Ja" ein, wird der alte Brief durch den neuen überschrieben, woraufhin die alte Version nicht mehr existiert. Wenn Sie den Brief später wieder aus dem Speicher abrufen, erscheint nur noch die letzte Version mit den Gefühlen, die dazugehören.

Stellen Sie sich vor, daß Sie noch einmal wählen könnten – was würden Sie dann an der Beziehung zwischen Ihrem Vater und Ihrer Mutter verändern wollen? Wie hätten Sie sie gern gehabt? Beachten Sie bitte: Sie tun das nicht für Ihren Vater und Ihre Mutter, Sie tun es für sich selbst, denn wenn es Ihnen gelingt, eine andere Wahrnehmung bezüglich der Dinge, die damals geschehen sind, anzunehmen, wird das Wort „Beziehung" einen ganz anderen Klang für Sie bekommen, und von da an werden Ihre Beziehungen eine andere Qualität erfahren.

Sie werden nun ein „Update" zu den Geschehnissen Ihrer eigenen Vergangenheit anlegen, das heißt, sie betrachten, ihnen zuhören und sie mit den veränderten Gegebenheiten und den seit damals dazugekommenen Einsichten ergänzen, die die Folge Ihrer Bewußtseinserweiterung sind. Dabei geht es um eine Neurahmung des Inhalts; was passiert ist, verändert sich nicht oder kaum, einzig die persönliche Bedeutung wird verändert. Es folgt nun eine NLP-Übung, bei der es darum gehen wird, die Geschichte mit Hilfe der Zeitlinie zu verändern.

Vorbereitung

Besorgen Sie sich einige Zettel, und achten Sie darauf, daß Sie links und rechts von sich jeweils mindestens zwei bis drei Meter Platz haben. Stellen Sie sich nun vor, wie Sie über Ihrem Kopf aus Ihrem Körper aussteigen und sich aus einigen Metern Entfernung von oben betrachten. Sehen Sie von oben, wie Sie dort unten stehen, und bitten Sie Ihr Unterbewußtsein, sich alle Ihre Geburtstage seit

Ihrer Geburt als kleine Punkte im Raum vorzustellen und sie so anzuordnen, daß sie auf einer Linie zu liegen kommen, wobei der Geburtspunkt nicht mehr als zwei bis drei Meter von Ihnen entfernt sein sollte. Aus Ihrer erhöhten Position haben Sie eine gute Aussicht. Ziehen Sie nun eine Linie, die alle Punkte bis zum Heute verbindet. Dies ist die Zeitlinie; für einige mag sie sich links, für andere rechts befinden.

Kehren Sie dann mit Ihrem Bewußtsein in Ihren Körper zurück.

Überlegen Sie jetzt, mit welchem wichtigen Ereignis Sie in dieser Übung arbeiten möchten. Wählen Sie eines aus, das einen spürbaren Einfluß bezüglich des Themas Beziehungen auf Sie gehabt hat.

Sobald Sie sich entschieden haben, mit welchem wichtigen Ereignis Sie arbeiten möchten, schauen Sie auf Ihre Zeitlinie; sehen und spüren Sie das Ereignis, das damals stattgefunden hat.

Gehen Sie nun einen Schritt zurück, und legen Sie einen Zettel auf den Punkt des Heute (auf dem Sie gerade gestanden haben). Gehen Sie dann *neben* der Zeitlinie bis zum Punkt Ihrer Geburt sowie anschließend zum Punkt des gewählten Ereignisses zurück, die Sie beide dadurch markieren, daß Sie dort einen Zettel ablegen.

Kehren Sie nun auf den Punkt des Heute zurück, um dort erneut die Zeitlinie zu betreten.

Die Veränderung Ihrer Geschichte mittels der Zeitlinie

A. Erinnern Sie sich jetzt an die für Sie positiven und wichtigen Informationen aus den letzten Kapiteln. Bedenken Sie vor allem die Tatsache, daß Ihre Eltern oder andere wichtige Akteure der Geschichte das beste Verhalten gewählt haben, zu dem sie in jenem Moment fähig waren. Bedenken Sie, daß sie sicher besser gehandelt hätten, wenn sie damals besser hätten handeln können. Spüren Sie nun in Ihren Körper hinein, und finden Sie heraus, was für ein Gefühl Sie bezüglich dieser Tatsache haben; sobald dieses Gefühl ein positives oder zumindest neutrales ist, halten Sie es fest, indem Sie beispielsweise Daumen und Zeigefinger der linken Hand zusammenführen und das Gefühl durch diese Geste verankern. (Wie ich bereits im vorigen Kapitel kurz angedeutet habe, ist folgendes zu beachten: Wenn Sie sich eines Gefühls in Ihrem Inneren bewußt sind und gleichzeitig eine Geste ausführen, entsteht zwischen der Geste und dem Gefühl eine Verbindung. Wenn Sie dieselbe Geste später wiederholen, kommen Sie auch wieder in Kontakt mit dem dazugehörigen Gefühl. Im NLP sprechen wir in diesem Zusammenhang von einer Verankerung. Statt einer Geste kann auch ein Geräusch oder ein Bild benutzt werden. Als Geste wählen wir etwas Diskretes und zugleich Einzigartiges [in diesem Fall die Verbindung von Daumen und Zeigefinger], damit wir eine einzigartige Verbindung herstellen, die speziell für dieses Gefühl gilt.)

B. Während Sie das gute Gefühl bewahren (den Anker festhalten), treten Sie neben die Linie und gehen in Richtung Ihrer Vergangenheit, bis Sie ein kleines Stück hinter dem Punkt gelandet sind, auf dem sich der Zettel befindet und wo Sie das ausgewählte Ereignis auf der Zeitlinie plaziert haben. Betreten Sie die Zeitlinie etwas hinter dem Punkt in Ihrer Vergangenheit. Sie befinden sich nun also in Ihrer Vergangenheit, etwa ein Viertelstündchen, bevor sich das Ereignis abspielen wird.

C. Machen Sie sich nun ein konkretes Bild von dieser Situation, sehen Sie Ihr jüngeres Selbst in diesem Bild, sprechen Sie mit Ihrem jüngeren Selbst (laut oder innerlich), und überreichen Sie diesem jüngeren Selbst von damals alles Wissen, alle Weisheit und alle Informationen, die Sie inzwischen angesammelt haben, sowie das gute Gefühl. Bringen Sie nun Bewegung in dieses Bild, so daß es zu einem Film wird. Erleben Sie, wie Ihr jüngeres Selbst in dieser Situation nun anders reagiert.

D. Sobald der Film eine nützlichere Wendung erfahren hat, gehen Sie innerhalb des Filmes einen Schritt weiter und werden kurz zu Ihrem jüngeren Selbst, jedoch mit dem guten Gefühl sowie dem Bewußtsein und dem Wissen von heute gewappnet. Beobachten Sie, wie Ihr jüngeres Selbst diese Situation nun ganz anders erlebt. Lassen Sie sich genug Zeit, damit das positive Gefühl die Situation gänzlich durchdringen kann.

E. Halten Sie weiterhin bewußten Kontakt zu dem guten Gefühl, und gehen Sie dann langsam mit der neuen Einstellung sich selbst und Ihren Beziehungen gegenüber auf das Heute zu, wobei Sie zulassen, daß alle hiermit zusammenhängenden Ereignisse in Ihrem Unterbewußtsein auf dieselbe Weise in einen neuen Rahmen gesetzt werden.

F. Lösen Sie im Heute Daumen und Zeigefinger (Anker lösen), betrachten Sie das eine Ereignis in Ihrer Vergangenheit, und erfahren Sie, wie sich Ihre Ansicht darüber und Ihr Gefühl dazu verändern. Wenden Sie sich nun der Zukunft zu. Stellen Sie sich vor, daß die neuen Gefühle und Einstellungen eine Art energetische Kugel sind, die

Sie nun als roten Teppich vor sich ausrollen, während Sie die neue Einstellung innerlich wiederholen und das gute Gefühl in die Zukunft miteinfließen lassen. Dies machen Sie, um Ihre Zukunft vorzubereiten. Lassen Sie die Kugel weiterrollen, bis sie am Horizont verschwindet.

Diese Art der Kommunikation mit Ihrem Unterbewußtsein überschreibt die alte Information in Ihrem neuronalen System. Von nun an wird Ihr Gehirn zum neuen Gefühl durchschalten, das von jetzt an zum vergangenen Erlebnis gehört. Das Unterbewußtsein ist gezwungen, diese neue Einstellung anzunehmen, da die alte nicht mehr existiert und definitiv ausgelöscht worden ist.

Auf diese Art und Weise können Sie eine Vielzahl wichtiger Ereignisse aus Ihrem Leben neu rahmen, so daß Sie nützlichere Bezugspunkte in Zusammenhang mit Ihren Beziehungen installieren. Diese Bezugspunkte werden Ihnen nicht mehr im Wege stehen und Sie nicht mehr behindern, sondern werden Ihnen helfen, solche Beziehungen anzuziehen, die die Entwicklung fördern, die Sie sich wünschen.

Was wir bis jetzt gemacht haben, etwa auf Seite 52–54, ist, daß wir dem Verhalten Ihrer Eltern oder anderer wichtiger Akteure auf der Bühne Ihres Lebens eine andere *Intention* gegeben haben. Während der Inhalt derselbe geblieben ist, haben wir die Bedeutung verändert. Eine andere Möglichkeit, in die Erinnerung an die Vergangenheit einzugreifen, besteht darin, daß wir den Inhalt verändern.

Es ist bekannt, daß Dr. Milton Erickson, einer der besten Hypnotherapeuten aller Zeiten, einmal für jemanden, der seinen Vater nie kennenlernen durfte, eine vollkommen neue Vaterfigur kreiert hat.

Vielleicht können Sie sich die Zeit nehmen, um ein neues Verhalten für Ihre Eltern zu kreieren. Wenn Sie dies präzise genug machen – sich also selbst in die Umgebung zurückversetzen, in der alles stattgefunden hat, und zwar mit den richtigen Farben, Geräuschen, der entsprechenden Kleidung usw. –, werden Sie Ihr Unterbewußtsein höchstwahrscheinlich neu programmieren können.

Auf Seite 47 haben Sie darüber nachgedacht, wie sich Ihre Eltern „nützlicher" hätten verhalten können und welche Einstellungen ihnen geholfen hätten, eine bessere Beziehung zueinander zu entwickeln. Die Informationen, die Sie dort erhielten, können Sie nun verwenden, um ein anderes Verhalten für Ihre Eltern zu kreieren – ganz, als wäre es damals so gewesen. Sie „drehen" einen Film mit den wichtigsten Szenen, schreiben das Szenarium um und sehen, wie Ihre Eltern sich plötzlich anders verhalten. Hören Sie, was sie nun zueinander sagen und wie sie miteinander reden, spüren Sie, was Sie jetzt dabei fühlen, und spielen Sie selbst in dem Film mit, mit dem Gefühl, dazuzugehören. Mit dieser Übung beenden wir den ersten Teil dieses Buches, in dem wir uns mit Ihrem Verhältnis zu sich selbst beschäftigt haben und mit Wegen, Ihre Kommunikation mit sich selbst zu verändern.

Der zweite Teil dieses Buches wird sich mit zwischenmenschlicher Kommunikation, also mit dem Verhältnis und der Kommunikation zwischen Ihnen und den Menschen um Sie herum, beschäftigen.

Teil 2
Ihre Beziehung zu anderen

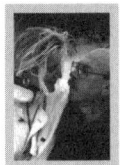

Entdecken Sie, wie jeder Mensch sein eigenes Weltbild entwirft

Wenn ich hier von „jedem Menschen" spreche, meine ich jeden Menschen, mit dem Sie kommunizieren und von dem Sie möchten, daß er Ihre Aussagen genau so aufnimmt, wie Sie sie gemeint haben. Der Wert Ihrer Kommunikation hängt stark davon ab, wie Ihre Aussagen bei dem anderen ankommen, und ist relativ unabhängig von dem, was Sie eigentlich zum Ausdruck bringen wollten.

Wenn ich einen Befehl in meinen Computer eingebe, beispielsweise, indem ich einen Text aufrufe, und daraufhin einen weißen, leeren Bildschirm zu sehen bekomme, auf dem nur die Information „Datei nicht gefunden" zu sehen ist, welchen Wert hat dann mein Befehl? Der Wert meiner Nachricht ist in diesem Fall gleich Null, gleichgültig, wie gut ich es gemeint haben mag. Dennoch würde es mir natürlich nicht im Traum einfallen, deshalb gleich den Computer auszuschalten. Statt dessen werde ich den Fehler bei mir selber suchen und daraufhin vielleicht entdekken, daß ich einen falschen Buchstaben eingetippt habe.

In dem Beispiel mit dem Computer leuchtet dies sicherlich ein, doch wie oft sind wir ärgerlich oder ungeduldig mit unserem Partner, weil der uns nicht richtig verstanden hat? In bezug auf andere Menschen sind wir weniger geneigt, uns zu fragen, ob wir unsere Nachricht überhaupt deutlich genug übermittelt haben. Viel häufiger kommt es vor, daß wir die Schuld beim anderen suchen. In diesem Kapitel werden wir lernen, daß jede unserer nicht verstandenen Aussagen als Feedback anzusehen ist, durch das wir unsere folgenden Mitteilungen verbessern können. Nur auf diese Weise wird es uns gelingen, etwas zu lernen und uns Neues zu eigen zu machen.

Ihr Partner erfährt jedes Ereignis anders als Sie selbst.

Eigentlich sollten Sie sich darüber freuen, denn dadurch wird Ihr Partner zu einer Quelle der Bereicherung und Entwicklung für Sie. Es ist aber durchaus interessant zu verstehen, wie solche Unterschiede entstehen, weil man sie dann in den Situationen, in denen sie zu groß zu werden drohen, leichter überbrücken kann.

Der Mensch erfährt seine Umwelt über seine fünf Sinne. Im NLP sprechen wir in diesem Zusammenhang vom V.-A.-K.-System, nämlich Sehen oder visuelle Wahrnehmung (abgekürzt V.), Hören oder auditive Wahrnehmung (abgekürzt A.) und Fühlen oder kinesthetische Wahrnehmung (abgekürzt K.). Unter Fühlen fallen auch Riechen und Schmecken sowie Bewegungen und andere Aktivitäten (kinesthetisch).

Die Unterschiede in der Wahrnehmung verschiedener Menschen entstehen dadurch, daß ihre Sinnesorgane als Filter fungieren, was dazu führt, daß das Unterbewußtsein manche Teile eines Geschehens selektiv aufnehmen wird, während andere Teile herausgefiltert werden. In diesem Sinne dient unser Gedächtnis auch dazu, bestimmte Dinge bewußt zu vergessen. Ich vermute, daß diese Aussage für manche von uns höchst ermutigend sein dürfte.

Darüber hinaus entstehen solche Unterschiede jedoch auch noch dadurch, daß einige sich die Welt eher visuell vorstellen, während andere hauptsächlich kinesthetisch und wieder andere eher auditiv eingestellt sind. Das ist von größerer Bedeutung, als man vielleicht meinen würde, denn sehr viele Mißverständnisse in der Kommunikation entstehen einzig durch diese Unterschiede. Eheberater wären gut beraten, diesen Tatsachen mehr Aufmerksamkeit zu schenken, um sich ihre Arbeit etwas leichter zu machen.

Nehmen wir ein Beispiel: Eine Frau kommt zu einem Eheberater und sagt: „Mein Mann liebt mich nicht mehr, nie sagt er mal, daß er mich liebt." Der Eheberater bittet den Mann zu kommen, und der Mann meint: „Wenn Sie mir nur sagen könnten, was ich noch alles tun soll, damit ich ihr zeigen kann, wie gern ich sie mag, wäre ich Ihnen sehr dankbar. Jeden Morgen bringe ich ihr das Frühstück ans Bett, letzte Woche habe ich ihr sogar einen Diamantring gekauft, mindestens einmal in der Woche komme ich mit Blumen nach Hause, und wir schlafen nur dann miteinander, wenn sie auch wirklich Lust dazu hat. Was um alles in der Welt kann ich noch tun?"

Der aufmerksame Leser wird wahrscheinlich schon entdeckt haben, daß es hier hauptsächlich um eine Kommunikationsstörung geht. Die Frau sucht nach dem Liebesbeweis ihres Gatten im auditiven Bereich. Solange der Mann nicht *sagt*, daß er sie liebt, funktioniert die Kommunikation in der Liebe bei ihr nicht. Ihr Mann funktioniert jedoch vorwiegend innerhalb des visuellen und kinesthetischen Systems. Er will seine Liebe *zeigen*, indem er Dinge für sie *tut*. Daher erscheint es ihm wertlos, seine Liebe im auditiven Bereich zum Ausdruck zu bringen. Schon das gegenseitige Verständnis dieses Unterschiedes reicht aus, um das Problem zu lösen.

Es ist ebensogut möglich, daß Sie Ihrem Partner regelmäßig sagen, daß Sie ihn lieben, diese Form für Ihren Partner jedoch wenig Wert hat, weil Ihr Partner *fühlen* will, daß Sie ihn lieben. In einem solchen Fall bewirkt ein Kuß oder eine zärtliche Berührung mehr als tausend Worte.

Weil jeder Mensch seine eigene Art und Weise hat, sich eine Vorstellung von der Welt zu machen oder sich eine Repräsentation der Welt zu bilden, sprechen wir im NLP von *Repräsentationssystemen*. Es ist sehr nützlich, herauszufinden, welches Repräsentationssystem Ihr Partner vorwiegend benutzt, und sich in diesem System auszudrücken, weil Sie dann besser verstanden werden und weil Ihr Partner innerhalb dieses Systems mehr Informationen zur Verfügung hat.

Sie können das Repräsentationssystem an der Sprache erkennen, die der andere verwendet. Es folgen nun einige charakteristische Begriffe, die Ihnen einen Hinweis geben können, worauf Sie zu achten haben.

Visuell (sehen)

sehen	schauen
anschauen	erscheinen
scheinen	ans Licht kommen
vorsehen	beleuchten
Licht darauf werfen	glänzen
hell	neblig
fokussieren	funkelnd
kristallklar	blitzen
einbilden	Gesichtspunkt
den Anschein haben	blanko
durchleuchten	Brennpunkt
glühen	Einsicht
Horizont	Illusion
illustrieren	Bild
inspizieren	erhellend
Spiegel	obskur

abservieren
Perspektive
Szene
Sicht
visualisieren

Voraussicht
widerspiegeln
neugierig betrachten
Vision

Auditiv (hören)

hören
Geräusch(e)
harmonieren
Stille
widerklingen
säuseln
stimmen
ungehört
artikulieren
geräuschvoll
diskutieren
Gehörschärfe
Gerücht
nachfragen
laut
Lärm
Reim
Bericht erstatten
brüllen
sprechen
schreien
reden
ganz Ohr sein

lauschen
musizieren
abstimmen auf
gehört werden
taub
Dissonanz
überstimmen
fragen
hörbar
Konversation
dissonant
Getöse
zum Schweigen bringen
interviewen
melden
mündlich
klingeln
ein Urteil fällen
sagen
sprachlos
kreischen
mitteilen
tönen

Kinesthetisch (fühlen, bewegen, tun, handeln)

gleiten
klopfen
herauswachsen
hart
greifbar
unbeweglich
fühlen
greifen
solide
agieren
brechen
angreifen
emotional
fließen
hängend
schlagen
dringen
Bewegung
Druck
sich abhetzen
schmerzhaft
unterstützen
unerträglich

anschlagen
Kontakt aufnehmen
im Kreis drehen
gefühllos
dagegenstemmen
in die Finger bekommen
berühren
zu fassen kriegen
vertragen
erträglich
unempfindlich
niederschmetternd
fest
festhalten
erwärmt
halten
lau
panisch
lindern
zart
Streß
Spannung

Unspezifisch (neutraler Sprachgebrauch)

Beispielsweise kann man auf fünf verschiedene Arten etwas *erfahren:* Man kann es sehen, hören, fühlen, riechen oder schmecken. Daher gehört *„erfahren"* in den unspezifischen Bereich.

gewahr werden   erfahren
begreifen   denken
lernen   verarbeiten
beschließen   motivieren
abwägen   verändern
bemerken   ergreifend
verschieden   bedenken
bewußt sein   wissen
durchführen   konzentrieren
realisieren

Nun folgen einige charakteristische Beispiele für Ausdrücke und Redewendungen.

Visuell

eine Augenweide
es scheint, daß
ein allgemeiner Überblick
ein Lächeln auffangen
Sicht haben auf
keinen Schimmer haben
Auge in Auge
ein Licht aufgehen
sich Illusionen machen
eine andere Perspektive gewinnen
eine düstere Angelegenheit
seinen Blick auf etwas werfen
Farbe bekennen
in einem anderen Licht sehen
ein Auge darauf haben
den Blick wenden

eine Szene machen
etwas durchschauen
eine klarere Sicht gewinnen
mit bloßem Auge
ein Auge zudrücken
sich eine Skizze anfertigen
ein fotografisches Gedächtnis
einsehen
bildschön
etwas kommen sehen
kurzsichtig
ins Nichts starren
einen Blick wagen
einen stählernen Blick haben

Auditiv

in Harmonie sein
eine Klatschtante sein
einen Rat einholen
zurufen
das Wort führen
eine versteckte Botschaft
den Mund halten
herumtratschen
lauthals schreien
sprechenderweise
ausgesprochen
dann hat es bei ihm geklingelt
eine Sache durchsprechen
die Wahrheit sagen
abstimmen auf

auf taube Ohren stoßen
etwas vertonen
noch nichts davon gehört haben
eine Meinung äußern
gehorsam sein
Wort für Wort
Stimmen hören
jemanden belauschen
jemanden anhören
Worte in den Wind sagen
das ist ein Knaller
ins eine Ohr hinein, aus dem anderen heraus
etwas mit eigenen Ohren gehört haben

Kinesthetisch
sich auf die Hinterbeine stellen
im Handumdrehen
etwas in den Griff kriegen
in Berührung kommen mit
Hand in Hand
jemandem die Hand reichen
festen Boden unter den Füßen haben
es geht mir gegen den Strich
etwas festhalten
intuitiv spüren
die Karten auf den Tisch legen
etwas durchsickern lassen
Schritt für Schritt
auf dem rechten Pfad bleiben
jemandem den Rücken zukehren
die Oberhand gewinnen

sich herausreden
messerscharf
sich an jemandem festklammern
sich auf die Zunge beißen
sich etwas durch die Finger gehen lassen
ein durchschlagender Erfolg
sich in etwas verbeißen
Fingerspitzengefühl
sich auf die Socken machen
etwas weitergeben
sich jemandem in den Weg stellen
in Kontakt bleiben mit
die Fäden in der Hand haben

Unspezifisch
achtsam sein
sich bewußt sein
sich einig sein
sich irren
sein Bestes tun
eine ausgezeichnete Idee
die richtige Idee haben
eine Erfahrung verarbeiten
es ist einfach

Sie können diese Beispielliste selbst fortsetzen, indem Sie
aufmerksam Radio hören oder Zeitung lesen.

Welches Stück der „Gehirntorte" benutzt Ihr Partner am meisten?

Es gibt noch einen weiteren Aspekt, der für Ihre Funktion und die Ihres Partners von Bedeutung ist: die sogenannten *Index Computations*. Dieser Begriff, den Richard Bandler aus der Computerwelt entlehnt hat, bezeichnet die Verteilung der Gehirnaktivität, nämlich:

IP: Innere Prozesse, also denken, vergleichen, zu sich selbst sprechen, innerlich kommentieren.

ÄV: Äußeres Verhalten, also Tätigkeiten ausführen, handeln, mit anderen sprechen.

IG: Innerer Gemützustand, also wie man sich fühlt.

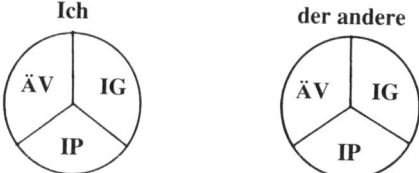

Was ich vorhin über die Repräsentationssysteme gesagt habe, gilt auch hier: Jeder Mensch nutzt einen dieser Bereiche im Vergleich zu den beiden anderen besonders stark. Indem Sie für sich und Ihren Partner herausfinden, welcher Bereich das ist, können Sie einen weiteren wichtigen Beitrag zur Verbesserung Ihrer Beziehungen leisten. Hier ein Beispiel aus meinem eigenen Leben:

Früher „steckte" ich hauptsächlich in inneren Prozessen. Ständig war ich mit meinen Gedanken „irgendwo anders", also damit beschäftigt, zu mir selbst zu reden, zu vergleichen und zu denken oder irgendwelche Dinge zu erledigen (äußeres Verhalten).

Wann immer ich mich in diesen inneren Prozessen befand, hätte man eine Pistole neben mir abschießen können, ohne daß ich den Knall gehört hätte. Natürlich habe ich auch nichts davon mitbekommen, was in meiner Partnerin vor sich ging. Für Gefühle und Emotionen (den inneren Gemütszustand) hatte ich wenig Raum. Wenn ich damals gefragt wurde: „Wie fühlst du dich?", war meine Antwort meist: „Ich *denke*…, daß ich mich gut fühle." In der Tat hatte ich wenig direkten Kontakt zu meinen Gefühlen; ich mußte *denken* (innerer Prozeß), um es herauszufinden. Meine damalige Ehefrau steckte hauptsächlich in „inneren Gemütszuständen", genau in dem Bereich, in dem ich mich am wenigsten auskannte. Von wirklicher Kommunikation zwischen uns konnte demnach kaum die Rede sein.

Weil ich hauptsächlich mit meinen inneren Prozessen beschäftigt war, sagte ich nur wenig. Wenn meine Frau dann manchmal meinte: „Erzähl doch mal was!", fuhr ich erschrocken auf und berichtete ihr einfach, wie es heute bei der Arbeit gewesen war, woraufhin ich dann meist zu hören bekam: „Das interessiert mich nicht, erzähl doch mal etwas anderes."

Im Grunde interessierte sie nichts von dem, was ich zu erzählen hatte, da sie mehr mit den Gefühlen beschäftigt war, die sie bewegten (innerer Gemütszustand), und somit auch viel eher an dem interessiert war, was ich *fühlte*. Wäre ich mir dessen damals bewußter gewesen, hätte ich etwas daraus lernen können. So haben wir uns immer mehr auseinanderentwickelt, und nach zwanzig Jahren Ehe haben wir uns schließlich getrennt.

Nach einigen wilden Jahren begegnete ich einer Frau, zu der ich mich sehr hingezogen fühlte. Sie hatte das gleiche Sternzeichen wie meine Ex-Frau, und darüber hinaus bevorzugte sie dasselbe Stück der „Gehirntorte", wenn auch in geringerem Maße. Glücklicherweise bin ich in der Zwischenzeit etwas schlauer geworden. Ich habe begriffen, wie ich funktioniere und wie die anderen funktionieren. Von dieser Frau habe ich dann gelernt, mit meinen Gefühlen in Berührung zu kommen, ihnen einen Platz in meinem Leben zu geben und sie zu würdigen. Inzwischen ist sie meine Ehefrau, und allmählich beginnt sie, zunehmend andere Teile ihrer „Gehirntorte" zu nutzen. Auf diese Weise entwickelt sich unsere Beziehung immer weiter, und wir werden beide vollkommener und menschlicher, während wir nach wie vor unsere eigenen Akzente setzen.

Das ist übrigens auch der Sinn einer Beziehung. Wir ziehen den Partner an, den wir brauchen, um uns weiterzuentwickeln, und der uns erfüllt und ergänzt. Es ist von großer Bedeutung, sich dessen bewußt zu sein, weil Sie sich sonst irgendwann auseinanderentwickeln, wie es mir in meiner ersten Ehe passiert ist.

Was fangen Sie nun mit diesen Informationen an? Am besten versuchen Sie zunächst herauszufinden, welchen Teil der „Torte" Sie bevorzugen. Sind Sie ein Träumer und Denker, der nicht zum Handeln neigt? Halten Sie sich hauptsächlich im Bereich Ihrer Emotionen auf und denken wenig? Sind Sie ein Mensch, der viel tut und kaum Raum zum Denken und Fühlen läßt?

Je mehr es Ihnen gelingt, in jeder beliebigen Situation über alle drei Stücke der Torte zu verfügen, desto besser werden Sie in der Lage sein, mit anderen zu kommunizieren.

Am besten funktioniert Ihre Kommunikation mit dem anderen, wenn Sie herausfinden, in welchem Segment der andere in dem Moment aktiv ist, in dem Sie mit ihm kommunizieren wollen, weil Sie dort am besten ansetzen können. Anschließend können Sie zu dem Stück der Torte übergehen, mit dem Sie sich beschäftigen.

Ein Beispiel: Ihr Partner ist gerade mit seinen inneren Prozessen beschäftigt. Sie finden den Anschluß zu ihm, indem Sie fragen: „Woran denkst du gerade?" Sobald Sie eine Antwort erhalten haben, fragen Sie: „Und was möchtest du diesbezüglich unternehmen?" (äußeres Verhalten) oder: „Was fühlst du dabei?" Auf diese Weise können Sie sich selbst und Ihrem Partner helfen, flexibler zu werden. Wenn Sie lernen, dies mit den Repräsentationssystemen zu kombinieren, wird sich die Qualität Ihrer Kontakte erheblich verbessern.

Natürlich gibt es Augenblicke, in denen es wunderbar ist, sich ausschließlich seinen internen Prozessen zu widmen, etwa wenn Sie meditieren oder es einfach genießen, zusammenzusein, ohne etwas zu tun oder zu denken, wenn Sie gemeinsam oder allein ein Musikstück genießen oder einen Sonnenuntergang betrachten.

In dem Moment, in dem Sie Ihr Bewußtsein auf das Zentrum der Torte richten, so daß Sie Ihre Energie ganz nach Wunsch in jeden der drei Bereiche einfließen lassen können, sind Sie in Ihrer eigenen Mitte. Für Ihren persönlichen Fortschritt und Ihre Entwicklung wäre es von Vorteil, wenn Sie sich angewöhnen könnten, während Sie denken, auch auf Ihre Gefühle zu achten und in Ihre Erwägungen einzubeziehen, was Sie damit anfangen (tun) können. Schließlich sind Sie auch in der Lage, bei allen wichtigen Tätigkeiten, die Sie ausführen, zu fühlen, was Sie fühlen, und darüber nachzudenken, wie Sie Ihr Verhalten noch verbessern können.

Je mehr Sie lernen, ganzheitlich zu funktionieren, desto mehr werden Sie auch Ihren Partner genießen können und desto bewußter werden Sie dann auch zugunsten Ihrer gemeinsamen Entwicklung und vielleicht auch der Entwicklung Ihrer Kinder mit Ihrer Beziehung umgehen können. Wenn Sie Kinder haben, dürfen Sie nämlich nicht vergessen, daß Sie schon jetzt das Vorbild für deren spätere Beziehungen sind!

Wie wählen Sie gemeinsam mit Ihrem Partner ein Urlaubsziel aus?

Wir haben bestimmte Vorlieben, die nicht immer mit denen unseres Partners übereinstimmen und die manchmal sogar unentdeckt bleiben. Als Beispiel wollen wir uns jetzt einmal mit dem Thema Urlaub beschäftigen. Wir können eine Vorliebe haben für

Orte: ein wunderschöner Campingplatz, eine Bucht am Meer, eine alte Stadt.

Personen: interessante Menschen, eine bestimmte Art von Menschen, mit denen wir gesellig zusammen sein wollen.

Aktivitäten: Sport, Jogging, das Haus aufräumen, wandern, sich mit etwas beschäftigen.

Informationen: Orte mit Museen, einer großen Bibliothek, einer Geschichte.

Details: Ausgrabungsorte, Flohmärkte, spezielle Geschäfte.

Einige dieser Vorlieben sind leicht miteinander zu kombinieren, während andere kaum zu verbinden sind.

Anfang dieses Jahres war ich in New York, um an einer NLP-Weiterbildung für Trainer teilzunehmen. Insgesamt waren wir 13 Teilnehmer aus den Niederlanden und Belgien. Die Gruppe schien zum Großteil aus Menschen zu bestehen, die ein großes Interesse an Information hatten. So ließ ich mich von einem Bücherladen zum anderen mitschleifen. Es gab einige Teilnehmer, die an die achtzig Bücher gekauft haben. Ich halte die in Büchern enthaltenen Informationen durchaus auch für wichtig, sehnte mich aber schließlich danach, auf dem Empire State Building zu stehen, in der St. Patrick's Kathedrale zu sitzen oder die vorbeiziehenden Menschen zu genießen. Das liegt daran, daß ich mich in erster Linie für Menschen und Orte und erst dann für Bücher interessiere.

Wie können Sie herausfinden, zu welchem „Reisetyp" Ihr Partner gehört? Ganz einfach. Lassen Sie ihn einfach etwas über die letzte Reise erzählen, die er gemacht hat.

Nehmen wir einmal an, daß das Reiseziel Ägypten war. Welche Akzente setzt Ihr Partner beim Erzählen? Berichtet er von der Freundlichkeit der Ägypter, vom Lachen der Kinder? Schwärmt er von dem Moment, in dem er von einem Ufer des Nils aus die aufgehende Sonne betrachten und das Wasser des Flusses riechen konnte? Erzählt er Ihnen etwas über die Regierungszeiten der verschiedenen Pharaonen, über die Anzahl der Pyramiden und die Einwohnerzahl Kairos?

Berichtet er von einem wunderschönen, zierlich verarbeiteten Ring aus einer Legierung mit einem Drittel Silber- und zwei Dritteln Goldanteil, der von einem nahezu perfekt geformten Lapislazuli gekrönt ist, dessen Vollkommenheit einzig durch eine winzige Unregelmäßigkeit vom Bruchteil eines Millimeters in der rechten unteren Ecke getrübt wird, der sich aber so herrlich glatt anfühlt und eine so außergewöhnliche Ausstrahlung hat?

Beschreibt er, wie er frühmorgens aufgestanden ist, während alle anderen noch schliefen, und wie herrlich er es fand, an den Ufern des Nils zu joggen und anschließend einen Ausritt ins Tal der Könige zu unternehmen? Wie es dann war, die Grabkammern des Ramses zu erkunden, während ihm der Schweiß aus allen Poren floß, und wie lange er anschließend anstehen mußte, um zum Grab Tutanchamuns zu gelangen?

Natürlich ist es auch faszinierend, das Interesse für sich selbst zu erwecken, denn wer weiß, was man noch für spannende Dinge an sich entdeckt, die man anders nie herausgefunden hätte. Ich habe in New York zu meinem eigenen Erstaunen schließlich auch acht Bücher gekauft, und ich bin froh, daß ich sie gekauft habe.

Wenn es darum geht, ein bestimmtes Urlaubsziel anzupeilen, ist es sinnvoll, auch an die Auswahlmöglichkeiten zu denken, die es bietet, damit zumindest die Chance besteht, daß beide Partner auf ihre Kosten kommen. Wenn Sie mit Ihrer Vorliebe für Orte drei Wochen lang in den Bergen herumwandern und Ihren Partner mitnehmen, der eine Vorliebe für Personen hat, ziehen Sie natürlich Probleme an, denn Ihr Partner kann sich, selbst wenn er noch so bereitwillig sein mag, unmöglich dazu zwingen, Ihre Vorlieben zu übernehmen.

Die Kenntnis dieser Vorlieben ist auch für das Wohlbefinden unserer Kinder in der Schule wichtig. So kann eine ausgesprochene Vorliebe für Personen für ein Schulkind fatale Folgen haben. Kommt es mit seinem Lehrer gut zurecht, wird es in der Schule große Fortschritte machen; wenn das Kind im nächsten Jahr zufällig einen neuen Lehrer bekommt, mit dem es nichts anfangen kann, kann aus einem guten über Nacht ein schlechter Schüler werden, und das nur deswegen, weil es nicht so sehr die Informationen sind, die das Interesse des Kindes erregen, als vielmehr die Person, die die Informationen vermittelt. Einem Kind, das eine Vorliebe für Informationen hat, wird es hingegen vollkommen gleichgültig sein, welche Person vor der Klasse steht.

Wie man mit einem „Ja, aber"-Menschen umgeht

Neben den Unterschieden, die ich in den vorigen Kapiteln beschrieben habe, ist noch eine weitere wichtige Unterscheidung zwischen Menschen zu treffen. Ich meine den Unterschied zwischen zwei Menschentypen, die im NLP als *Matcher* und *Mismatcher* bezeichnet werden. Wir wollen uns diesen beiden Typen annähern, indem wir die Art und Weise untersuchen, in der sie sich auszudrücken pflegen.

Matcher drücken sich in positiv formulierten Sätzen aus. Zum Beispiel: Ein *Matcher* hat einen Film gesehen, der ihm gut gefallen hat. Er sagt: „Der Film war herrlich." Ein anderer *Matcher* hat den Film ebenfalls angeschaut, fand ihn jedoch langweilig und sagt: „Der Film war furchtbar langweilig." Beide drücken sich über eine positive sprachliche Formulierung aus.

Mismatcher hingegen drücken sich in negativer Form aus. Über den gleichen Film wird ein zufriedener *Mis-*

matcher sagen: „Der Film war nicht schlecht", während der unzufriedene *Mismatcher* sagen wird: „Es war kein spannender Film."

Ein *Matcher* drückt aus, was er findet, ein *Mismatcher* hingegen, was er nicht findet. Wenn ein *Mismatcher* sagt: „Ich bin nicht unzufrieden", bringt er allerdings nicht zum Ausdruck, was er denn sein könnte. Er sagt nur, was er nicht ist.

Was bisher beschrieben wurde, bezieht sich auf die Art und Weise, in der sich beide Typen sprachlich ausdrücken. Psychologisch gesehen ist dies folgendermaßen zu erklären: Ein *Matcher* ist ein Mensch, der seine Aufmerksamkeit auf das richtet, was ist, der jedoch nicht bemerkt, was fehlt oder was es darüber hinaus noch alles geben könnte.

Der *Mismatcher* ist das Gegenteil. Seine Aufmerksamkeit richtet sich von Natur aus auf das, was fehlt oder nicht da ist. Um diesen Sachverhalt noch zu verdeutlichen, hier ein Beispiel:

Sie haben für Ihre nach Hause kommende *Mismatcher*-Ehefrau einen kleinen Aperitif aufgetischt, und das erste, was sie sagt, ist: „Oh, das ist nicht schlecht..., aber es fehlt die rote Kirsche im Sherry..."

Sie fragen: „Wie war es bei der Arbeit?" Sie antwortet: „Es war kein besonders schlimmer Tag, aber der eine Bericht war nicht rechtzeitig fertig." Wie der Tag wirklich war und was so alles passiert sein mag, werden Sie nicht erfahren.

Übrigens, ein *Mismatcher* kann Ihnen durchaus auch ein schönes Kompliment machen, doch er wird es immer mit Hilfe einer negativen Umschreibung tun. Er wird zum Beispiel sagen: „Du bist wirklich kein übler Kerl."

Mismatcher sind Menschen, die nahezu immer „Ja, aber…" sagen, und dann folgt das, was Sie nicht gesagt haben, oder die Meinung, die Sie nicht geäußert haben.

Nehmen wir an, es findet irgendwo ein großes Fest statt, jemand kommt heraus, und Sie fragen: „Wie ist das Fest?" Der andere antwortet: „Nun ja, es ist nicht gerade ein kleines Fest, aber können Sie sich vorstellen, daß nicht einmal der Bürgermeister anwesend ist und daß sie keinen Apfelsaft haben?" Könnte das ein *Mismatcher* gewesen sein?

Sie gehen weiter, sehen jemand anderen herauskommen und stellen nochmals dieselbe Frage: „Wie ist das Fest?" Diese Person antwortet: „Wunderbar, ein wirklich tolles Fest, die Königin ist da und der Premierminister und drei weitere Minister. Der Champagner fließt in Strömen, und es ist für alles gesorgt, was man sich nur vorstellen kann."

Wie kann man lernen, locker mit einem *Mismatcher*-Partner, -Chef oder -Kollegen umzugehen? Die Antwort ist einfach.

Einem *Mismatcher* müssen Sie genügend Freiraum geben, damit er auswählen kann. Sagen Sie daher so etwas wie: *„Könnten wir nicht vielleicht dies oder jenes unternehmen?"* Darauf kann man nicht mehr so leicht mit „Ja, aber" antworten oder etwas finden, was fehlt, denn wir können ja jederzeit auch etwas unternehmen, was nicht erwähnt wurde.

Auch sollten Sie dem *Mismatcher* stets die Wahl lassen: „Wir könnten heute zum See fahren, ins Kino gehen oder einfach zu Hause bleiben…" Sie könnten darauf beispielsweise folgende Antwort erhalten: „Zu Hause bleiben finde ich nicht so toll, und wenn das Wetter schön ist, sollten wir besser nicht ins Kino gehen."

Dadurch hat der *Mismatcher* lediglich zum Ausdruck gebracht, was er nicht will, aber wenn Sie aufgepaßt haben, bleibt der See übrig. Also können Sie Ihr Badezeug einpacken und zum See fahren.

Sagen Sie niemals zu einem *Mismatcher*: „Sieh mal, wie schön ich das Zimmer gestrichen habe", denn innerhalb weniger Sekunden wird er auf eine winzige Stelle aufmerksam machen und sagen: „Aber diese Stelle dort hast du vergessen."

Was Sie hingegen sehr wohl sagen können, ist: „Abgesehen von ein paar Kleinigkeiten habe ich das Zimmer nahezu perfekt gestrichen."

Der *Mismatcher* wird sich umschauen, wird die Kleinigkeiten registrieren, die schiefgegangen sind, die Sie jedoch schon selbst erwähnt haben, und dann bekommen Sie wahrscheinlich folgenden Kommentar: „Ja, das sieht gar nicht mal schlecht aus", was aus dem Mund eines *Mismatchers* schon ein besonderes Kompliment ist.

Auch in diesem Fall ist es am günstigsten, wenn man zwischen beiden Positionen wählen kann und seine Einseitigkeit aufgibt, denn sowohl *Matcher* als auch *Mismatcher* haben Vorteile und Nachteile.

Ein *Matcher* kann sehr enthusiastisch sein und läßt sich von jemandem, der sich freut, leicht anstecken. Auf der anderen Seite läßt er sich aber genauso leicht von jemandem beeinflussen, der depressiv ist.

Ein *Mismatcher* wird sicherlich nicht die gleichen emotionalen Freuden erfahren wie ein *Matcher*, weil er sich auf das konzentriert, was nicht ist, aber ebensowenig wird er sich in tiefe Depressionen ziehen lassen.

Für einen *Matcher* ist es durchaus sinnvoll, sich die Qualitäten des *Mismatchers* zunutze zu machen, indem er sich etwa jene Teile eines Auftrages bewußtmacht, die er nicht ausgeführt hat. Auch ist es für einen *Matcher* nützlich, nein sagen zu lernen und auf bestimmte Vorschläge nicht einzugehen.

Für die Entwicklung heranwachsender Kinder kann es sehr nützlich sein, wenn sie sozusagen *polar mismatchen*. Das bedeutet, daß sie immer genau das Gegenteil dessen tun, was man ihnen sagt oder worum man sie bittet. Dieses Trotzverhalten dient dazu, die eigene Individualität zu entwickeln.

Ich kenne übrigens einige Menschen, die um die vierzig Jahre alt sind und sich immer noch so verhalten. Wenn Sie möchten, daß sie ein bißchen aufräumen, brauchen Sie nur ausdrücklich zu betonen, daß sie alles liegen lassen *müssen*, weil Sie selbst aufräumen möchten, und das Zimmer zu verlassen. Wenn Sie sich etwas Hilfe im Garten wünschen, sagen Sie einfach: „Ich möchte jetzt wirklich einmal in Ruhe im Garten arbeiten. Laß mich bitte allein." Das sind die besten Voraussetzungen, um solche Menschen dazu zu bringen, irgendwann von sich aus im Garten aufzutauchen und früher oder später sogar mitzuhelfen.

Das folgende Kapitel ist für *Mismatcher* besonders lesenswert.

Was Sie besser nicht tun sollten

Die Hauptquelle für Streitigkeiten und Mißverständnisse ist eine unpräzise Sprache. Jeder Mensch lebt in seiner eigenen Wirklichkeit, und dementsprechend gibt jeder Mensch den Worten unterschiedliche Bedeutungen. Dies führt sehr oft dazu, daß Dinge falsch aufgefaßt werden, was dann wiederum Frustrationen und eine Verschlechterung der Beziehungen zur Folge hat.

Weshalb entstehen diese sprachlichen Ungenauigkeiten? Einfach deshalb, weil niemand in der Lage ist und auch niemals in der Lage sein wird, ein Erlebnis voll und ganz der Wahrheit entsprechend wiederzugeben. Rufen Sie sich ins Gedächtnis zurück, was wir in den letzten Kapiteln erfahren haben, nämlich wie wir allein durch die V.-A.-K.-Filter (Bilder, Geräusche und Gefühle), die wir einsetzen, einen großen Teil der im Prinzip zur Verfügung stehenden Informationen direkt in unser Unterbewußtsein einschmuggeln. Fragen Sie einmal einen Polizeibeamten, wie oft verschiedene neutrale Unfallzeugen völlig entgegengesetzte Aussagen über das machen, was sie gesehen und gehört haben.

Es ist daher sehr, sehr nützlich, wenn Sie in bezug auf Ihre eigene Sprache wie auch auf die der anderen achtsam sind. Es folgen nun ein paar Beispiele für Ungenauigkeiten in der Sprache, die häufig vorkommen, sowie einige Vorschläge für sinnvolle Reaktionen.

Ungenauigkeiten durch Weglassen und Verschwommenheit

Sätze wie „Ich bin böse" können bei der falschen Person zu unnötiger Sorge führen. Böse auf wen? Worüber?

„Ich dulde das nicht länger." Was genau dulden Sie nicht länger?

„Sie haben gesagt, daß wir uns beeilen sollen." Wer

sind *sie*? Womit sollen wir uns beeilen? „Die Leute aus der Kantine sagen, daß wir uns mit dem Essen beeilen sollen" ist wesentlich deutlicher.

„Harte Arbeit lohnt sich." Wer sagt das, für wen lohnt sie sich?

Ungenauigkeiten durch Extreme

Es gibt in unserer Sprache Wörter, die Extreme wiedergeben und im Grunde lediglich über die Einschränkungen dessen Auskunft geben, der diese Worte gebraucht.

„Ich kann dir nie etwas recht machen." Eine solche Aussage ist natürlich nicht richtig, und wenn Ihr Partner so etwas zu Ihnen sagt, bedeutet das, daß er in absehbarer Zeit tatsächlich nichts mehr für Sie tun wird, weil er eine Vorstellung hegt, die lähmend auf ihn oder sie wirkt.

Wie reagiert man in nützlicher und für den Partner befreiender Weise auf eine derartige Aussage? Indem man vorsichtig fragend wiederholt: „Nie?" Sie können auch reagieren, indem Sie das Extreme des Wortes „nie" abschwächen und es durch „häufig" oder „mehrmals" ersetzen. Dann können Sie eine Anzahl von Gegenbeispielen aufführen, die Ihrem Partner deutlich machen, daß Sie durchaus schon einige Male gewürdigt haben, was er oder sie für Sie getan hat; und vielleicht finden Sie sogar, daß er oder sie etwas sehr Gutes für Sie getan hat. Sie können die Gelegenheit nutzen, um Ihrer Würdigung nachträglich Ausdruck zu verleihen. Denn vergessen Sie nicht: Nicht das, was wirklich passiert ist, ist für Ihren Partner von Bedeutung, sondern vielmehr seine Vorstellung davon und die Erfahrung, die er damit gemacht hat. Indem Sie Ihren Partner auf die Male hinweisen, wo es sehr wohl gutgegangen ist, verbinden Sie ihn erneut mit seinen Fähigkeiten, was Ihre gemeinsame Zukunft wieder rosiger aussehen läßt.

„Alle sind gegen mich" oder: „Niemand steht zu mir." Dies ist eine vernichtende Ansicht, und eine mögliche Reaktion darauf wäre zu fragen: „Gibt es denn nicht *einen* Menschen, der auf deiner Seite steht?" Dadurch lenken Sie die Aufmerksamkeit des anderen auf all die Menschen, die auf seiner Linie liegen, und bringen eine Öffnung in die Wand der Isolation, die er um sich herum aufgebaut hat.

Ungenauigkeit durch ungewollte Färbung des Hauptverbs

Eine andere Kategorie von Wörtern, die ernüchternde und demotivierende Auswirkungen haben können, sind einige der sogenannten *Modal Operators* oder Hilfsverben. Gemeint sind die Hilfsverben, die die Stimmung des Hauptverbs verändern können: *müssen, können, dürfen, wollen.*

Meist gehen wir mit diesen Worten viel zu schlampig um und nehmen sie oft unpassenderweise in den Mund, ohne uns dessen bewußt zu sein. Doch Ihr Unterbewußtsein hört auch zu und sorgt für die damit zusammenhängenden Stimmungen, ob Sie das nun wollen oder nicht! Hier einige Beispiele:

Sie sagen zu Ihrem Partner: „Wir müssen jetzt essen gehen." Das Hilfsverb „müssen" koppelt diese an sich erfreuliche Nachricht unbewußt an Dinge, die Sie meist gegen Ihren Willen getan haben und die weitaus weniger angenehm sind als essen. Die Stimmung des Müssens verdirbt die Freude am Essen. Sie dürfen nämlich nicht vergessen, daß Worte Anker sind, an die Gefühle gekop-

pelt werden. Allein durch die Verankerung, also nur dadurch, daß wir bestimmte Worte gebrauchen, verderben
wir uns und anderen den Spaß an vielen Aktivitäten von
vornherein.

So sagen wir beispielsweise: „Wir müssen zum
Schwimmen gehen, wir müssen heute abend ins Kino gehen, wir müssen unsere besten Freunde besuchen, wir
müssen unser Glas noch austrinken, wir müssen schlafen
gehen…"

Versuchen Sie, sich dessen bewußt zu sein, denn die
Folgen sind weiß Gott nicht zu unterschätzen. Stellen Sie
sich selbst oder Ihrem Partner beispielsweise folgende
Frage: „Was würde passieren, wenn ich es nicht täte?"
Auf diese Weise werden Sie sich der Tatsache bewußt, daß
ja keinerlei Zwang besteht.

Wenn Sie mehr Freude am Leben haben wollen, sollten Sie Hilfsverben benutzen, die die Stimmung des jeweiligen Zeitwortes verbessern, wie *dürfen, wollen* und
können. Sagen Sie beispielsweise: „Wir dürfen schwimmen gehen, wir können heute abend noch in den Film
gehen, wir wollen unsere besten Freunde besuchen, wir
können schlafen gehen…"

Auf diese Weise können Sie Ihre Aussagen aufheitern,
denn Sie bringen sie automatisch mit der angenehmen
Stimmung aller Dinge in Verbindung, die Sie sich selbst
ausgesucht haben und die Sie gern tun.

Es ist übrigens nicht verboten, diese Hilfsverben zu
benutzen, um sich selbst und den Partner in eine bessere
Stimmung zu versetzen, wenn unangenehme Aufgaben
anstehen: „Du kannst jetzt den Mülleimer rausbringen,
Schatz, und ich werde den Abwasch machen; ich will jetzt
meine Steuererklärung machen…"

Es versteht sich von selbst, daß diese Anpassung Ihres Sprachgebrauchs seine Grenzen hat, aber es ist dennoch wichtig, darin konsequent zu sein, ähnlich wie in der Kindererziehung. Auch Ihr Selbstwertgefühl und Ihr Verantwortungsbewußtsein werden dadurch beeinflußt. Wenn Sie sagen „Ich muß jetzt abreisen", schieben Sie die Verantwortung für Ihre Abreise auf „etwas" ab, das Sie verpflichtet. Sie verstecken sich hinter „etwas". Sagen Sie dagegen „Ich will jetzt abreisen", übernehmen Sie die ganze Verantwortung für Ihre Entscheidung. Das wird schließlich dazu führen, daß Sie mehr Respekt vor sich selbst haben.

Eine einfache Möglichkeit, um mit jedem anderen Lebewesen optimal zu kommunizieren

Es gibt eine Kraft im Universum, die für Harmonie sorgt, eine Art magnetische Regulierung. Demgegenüber steht eine Gegenkraft, die Unordnung bewirkt und zu Entropie führt. Die harmonisierende Kraft ist unzerstörbar und wirkt ohne Unterlaß. Das folgende, sehr bekannte Experiment deutet dies bereits an. Stellen Sie zwei Metronome so ein, daß sie nicht im gleichen Rhythmus pendeln. Nach kurzer Zeit werden Sie sich aufeinander einstimmen und gleichzeitig pendeln. Diese natürliche Tendenz zur Harmonie werden wir nun einsetzen, um ihr eine Richtung zu geben und sie zu verstärken.

Die wichtigste Voraussetzung für optimale Kommunikation ist das Herstellen eines *Rapports*. Damit ist der unmittelbare Kontakt zwischen zwei Personen gemeint. Das heißt nicht, daß Sie mit dem anderen verschmelzen müssen, sondern vielmehr, daß Sie sich für seine Art der Kommunikation öffnen und Respekt vor seinem Weltbild haben, ohne ein Urteil darüber zu fällen. Wenn jemand „in Rapport mit Ihnen ist", haben Sie das Gefühl, daß der andere Ihnen seine Aufmerksamkeit schenkt und daß er Ihnen vertraut.

Wie stellt man einen Rapport her? In NLP-Begriffen gesprochen, können Sie den Rapport fördern durch *matchen*, durch *sort by other* und durch *backtrack*. Diese drei Begriffe werde ich jetzt erläutern. Sie werden feststellen, daß Sie alle drei in Zeiten, in denen Sie bis über beide Ohren verliebt waren, automatisch eingesetzt haben, nur geschah das damals von selbst und wahrscheinlich vollkommen unbewußt.

Matchen bedeutet in diesem Zusammenhang übereinstimmen, das eigene Verhalten und die eigene Körperhaltung am Verhalten und der Haltung des Gesprächspartners auszurichten. Dies können Sie machen, indem Sie *in etwa* dieselbe Körperhaltung annehmen, Ihre Beine in der gleichen Weise hinstellen, Ihre Arme genauso bewegen, wie Ihr Gegenüber es tut, im selben Rhythmus atmen und auf Fragen mit der entsprechenden Körpersprache, Tonhöhe und so weiter antworten. Die Gesamtheit Ihres *Matchingverhaltens* gibt dem Unterbewußtsein Ihres Gegenübers das Gefühl der Einheit und des Wiedererkennens. Tun Sie das jedoch maßvoll und mit Respekt, weil Sie sonst nur den Eindruck eines alles nachplappernden Papageis heraufbeschwören und sicherlich keinen Rapport zuwege bringen.

Matchen kann man auch, indem man seinen Sprech-rhythmus anzupassen versucht, wenn der Unterschied zur Sprechweise des Gegenübers zu groß sein sollte. Auch können Sie den Kontakt sehr gut herstellen, indem Sie lernen, die Repräsentationssysteme (V. A. K.) des anderen sprachlich zu *matchen*.

Sort by other beinhaltet, daß Sie Ihre volle Aufmerksam-keit auf jemand anderen richten und seinem Bild von der Welt den Vorrang gegenüber Ihrem eigenen geben. Da-durch richten Sie Ihre ganze *Intention* auf den *Vorteil des anderen*. Wenn Sie dies tun, werden Sie bemerken, daß Sie sich automatisch ein wenig nach vorn lehnen und sich eher in den Begriffen des „Du" als des „Ich" ausdrücken werden.

Das dritte Element, das uns hilft, einen Rapport herzu-stellen, ist *Backtracking*, was wörtlich übersetzt „zurück-verfolgen" heißt. Was Sie beim *Backtracking* machen, ist, daß Sie die wichtigsten Schlüsselworte Ihres Gegenübers wiederholen, und zwar am besten in der gleichen Tonhö-he und im selben Rhythmus wie er. Auf diese Weise zei-gen Sie ihm, daß Sie mit Ihrer Aufmerksamkeit dabei sind, und Sie können kontrollieren, ob Sie alles richtig verstanden haben.

Kürzlich hielt ich ein Training für die Elitetruppe der Bel-gischen Armee ab. Während einer Demonstration zum Thema *Backtracking* bin ich die Sache etwas zu ausdrück-lich und offensichtlich angegangen, was zur Folge hatte, daß der Freiwillige, den ich widerspiegelte, ziemlich är-gerlich wurde. Dabei lernte ich wieder einmal, wie wichtig es ist, beim Herstellen des Rapports das richtige Maß zu halten. Wenn man dies versäumt, ist die Chance groß, daß man gekünstelt und unecht erscheint.

Wenn Sie diese Technik zum ersten Mal anwenden, werden Sie bemerken, daß Sie dazu neigen, die Worte Ihres Gesprächspartners in fragender Form zu wiederholen. Versuchen Sie unbedingt, dies zu vermeiden, denn es könnte für das Unterbewußtsein des anderen ein Zeichen dafür sein, daß Sie ihm keinen Glauben schenken.

Denken Sie einmal an die Zeit zurück, als Sie bis über beide Ohren verliebt waren, oder beobachten Sie, wie häufig zwei Verliebte die gleichen Bewegungen zur selben Zeit machen und synchron atmen, fast als ob sie eins wären.

Auch das folgende Beispiel ist recht anschaulich: Jemand, den Sie gern mögen, kommt herein und sagt: „Ich komme gerade aus dem Büro und bin von der Treppe gefallen…" Dabei wiederholen Sie beinahe automatisch die Worte „von der Treppe gefallen". Auf diese Weise bekunden Sie dem anderen Ihr Mitgefühl, und Mitgefühl ist ein Teil des Rapports.

Bevor Sie jedoch beginnen, bewußt an der Verbesserung des Rapports mit Ihrem Partner zu arbeiten, sollten Sie diese Technik zunächst bei Freunden oder Bekannten einüben.

Also noch einmal: Wenn Sie einen Rapport zu jemandem herstellen, können Sie in der besten Art und Weise kommunizieren. Einen Rapport herzustellen heißt aber nicht, daß Sie sich unbedingt einig sein müssen. Es heißt vielmehr, daß Sie dem anderen Ihre Aufmerksamkeit schenken und ihn respektieren und daß Sie Ihre Gedanken in optimaler Weise mit ihm austauschen können.

Wie man Konflikten mit dem Partner, mit Kollegen oder in der Familie begegnet

Konflikte zeugen von einem bedeutenden Unterschied im Hinblick auf die verschiedenen Weltbilder, wovon ja bereits in einem der vorigen Kapitel die Rede war. Schon allein deshalb steckt in jedem Konflikt auch eine Chance zur Bewußtseinserweiterung. Wenn Sie das Verhalten eines anderen Menschen in bezug auf Ihr eigenes als Konflikt erleben, so ist dies ein Signal dafür, daß Sie sich in Ihren Wertvorstellungen und Ansichten angegriffen fühlen. Sie könnten darin aber auch eine Gelegenheit sehen, Ihre Wertvorstellungen erneut zu hinterfragen, und dabei möglicherweise entdecken, daß Sie die momentan für Sie geltenden Werte in einer fernen Vergangenheit von jemand anderem übernommen haben und daß es nicht schlecht wäre, sie den neuen Gegebenheiten anzupassen.

Sie können natürlich auch entdecken, daß die Werte, die Sie sich gebildet haben, sehr nützlich für Sie sind und Ihre Selbstachtung unterstützen, so daß Sie sie besser beibehalten sollten. Auf jeden Fall ist eine negative Emotion ein Signal dafür, daß etwas gesagt oder getan wird, das Ihren Werten widerstrebt. Dies kann auch ein Hinweis darauf sein, daß das Bild, das Sie sich von der Welt gemacht haben, eingeschränkt ist.

Es gibt eine sehr einfache Methode, um Konflikte dazu zu nutzen, Beziehungen zu vertiefen. Häufig redet man in einer Diskussion sehr viel mehr über den anderen als über sich selbst. Sie beschuldigen den anderen oder machen ihm ein bestimmtes Verhalten zum Vorwurf. Dabei ist es sehr häufig so, daß Sie die Absicht hinter diesem seinem Verhalten nicht erkennen können.

Um all diese Stolpersteine zu vermeiden und eine Basis der Übereinstimmung zurückzugewinnen, erzählen Sie dem anderen einfach, *was Sie fühlen*, wenn so etwas geschieht oder Ihnen solche Dinge gesagt werden. Sagen Sie beispielsweise: „Wenn du so etwas tust (oder sagst), *fühle ich mich…*"

Auf diese Weise reden Sie lediglich über *sich selbst,* so daß keine Mißverständnisse entstehen können; Sie legen dem anderen nichts in den Mund, Sie fallen ihm nicht ins Wort, Sie kommunizieren in diesem Moment sehr eindeutig. Es kann natürlich gut sein, daß Ihr Chef, Ihr Kollege, Ihr Bekannter oder Ihr Partner in einem solchen Fall erwidert: „Aber darum geht es mir nicht." Dies wäre dann der richtige Zeitpunkt, um umzuschalten und herauszufinden, was genau die Absicht hinter dem unliebsamen Verhalten sein mag. Auf diese Weise schaffen Sie die besten Voraussetzungen, um eine Lösung des Konfliktes zu bewirken, da es wahrscheinlich andere Möglichkeiten gibt, diese Absicht zu erkennen, Möglichkeiten, die besser in Ihr Weltbild passen.

Früher (ich denke, daß es heute sehr viel seltener passiert) schlugen manche Eltern ihre Kinder, wenn diese ungehorsam waren. Die *Intention* dieser Eltern war vermutlich nicht, ihre Kinder zu quälen oder zu verletzen, wohl aber, sie dazu zu bringen, zu gehorchen. Eltern, die so etwas tun, sind in diesem Moment sehr eingeschränkt, was die Auswahlmöglichkeiten ihrer Reaktionen betrifft. Außer Schlägen gibt es noch viele andere Möglichkeiten, Kinder zum Gehorsam zu bewegen, beispielsweise, indem man ihnen etwas verbietet oder sie belohnt.

Kinder, die nicht unterscheiden können und annehmen, daß die Intention hinter der körperlichen Gewalt der Wunsch ist, ihnen Schmerzen zuzufügen, entwickeln die Vorstellung, daß sie unerwünscht sind, daß die Eltern sie nicht lieben oder gar hassen. Dies führt später in der Regel zu einem negativen Selbstbild mit all den begleitenden Problemen, die wir in diesem Buch bereits besprochen haben.

Indem wir lernen, das Verhalten von der Intention zu unterscheiden, bilden wir eine Basis, auf der wir aufbauen können, um anderen in neuer Weise zuzuhören, sie anders zu sehen und in einen neuen Rahmen zu setzen. Jede Beziehung profitiert davon, wenn alle Beteiligten sich dieses Unterschiedes bewußt sind.

Eine andere Möglichkeit, Konflikte zu lösen, besteht darin, daß man lernt, seine Aufmerksamkeit auf das größere Ganze zu richten, auf das der Diskussionspunkt sich bezieht. Im NLP wird dies als *Chunk Size* bezeichnet. Das übergeordnete Ganze wird als *Up Chunk* bezeichnet und ist gewissermaßen der Regenschirm, unter dem der Diskussionspunkt sich unterstellt.

Stellen Sie sich vor, daß Sie ganz allein in einem Zimmer sind, in dem ein Stuhl steht. Das übergeordnete Ganze, zu dem der Stuhl normalerweise gehört, ist die Kategorie „Möbel". Unter die Kategorie *(Up Chunk)* „Möbel" fallen naturgemäß mehrere Gegenstände: Stuhl, Tisch, Schrank, Bett, Sofa. Plötzlich kommt ein gefährlich knurrender Hund durch die Tür auf Sie zugestürmt. Sie greifen sich den Stuhl und halten den Hund damit auf Abstand.

In diesem Moment verändert sich die Funktion und die Bedeutung des Stuhles, weil er nun zu einem anderen, übergeordneten Ganzen gehört, nämlich zur Kategorie *(Up Chunk)* „Verteidigungsinstrument" (Stuhl, Pistole, Stock, Eisenstab, Gewehr).

Nehmen wir ein anderes Beispiel: Die Frau kommt nach Hause und sagt zu ihrem Ehemann: „Ich brauche heute abend den Wagen, weil ich mit einer Freundin ins Kino fahren will." Der Mann erwidert: „Das geht nicht, denn ich muß auf eine Versammlung." Wenn nur ein Wagen zur Verfügung steht, kann der Konflikt nicht auf dieser Ebene gelöst werden. Wenn sich die beiden nun in einer Diskussion um das Auto verlieren, könnte ein Machtkampf daraus werden. Wenn sie ihre Aufmerksamkeit jedoch auf den *Up Chunk* richten, ist diese Gefahr schnell gebannt. Die Absicht sowohl des Mannes als auch der Frau ist nämlich weniger, das *Auto* als vielmehr ein *Transportmittel* zur Verfügung zu haben, und somit gibt es wieder mehrere Möglichkeiten: der eigene Wagen, öffentliche Verkehrsmittel, sich abholen lassen, das Fahrrad, ein Nachbar, das Taxi.

Leider mangelt es vielen Paaren in solchen Fällen an der nötigen Flexibilität. Das führt uns zu einem neuen Aspekt von (der Eskalation von) Konflikten. Wenn Sie einen Konflikt lösen wollen, dann sollten Sie bei diesem Konflikt bleiben. Lassen Sie nicht zu, daß die Sache ausufert.

Die Frau könnte sagen: „Männer denken immer, daß Ihre Geschäfte am wichtigsten sind…" Der Mann könnte erwidern: „Frauen denken immer nur an…" Und so kann die Diskussion um das Auto sich sehr schnell auf ganz andere Kategorien *(Up chunks)* ausdehnen. Dann geht es plötzlich gar nicht mehr um den Wagen, sondern um Themen wie Diskriminierung, Unterdrückung, Egoismus, Politik, Religion, und schließlich wird überhaupt nicht mehr über die Lösung des Transportproblems gesprochen.

Wenn Sie ein Problem lösen wollen, ist es sinnvoll, sich zunächst zu versichern, daß Sie beide dem Thema der Diskussion dieselbe Bedeutung beimessen, und sich dann strikt an diesen Rahmen zu halten. Wenn die eine Konfliktpartei in Begriffen des übergeordneten Ganzen *(Up Chunk)* denkt, also das Transportmittel im Sinn hat, während die andere das Auto als Aufhänger für das Thema „Mittel der Diskriminierung" benutzt, dann wird die unmittelbare Folge eine endlose Diskussion sein.

Wenn Sie allerdings eine ausgedehnte Diskussion wünschen und es Ihnen weniger darum geht, den Konflikt aufzulösen, dann ist *Up Chunking* die beste Methode, um die Themen, in denen Sie und Ihr Partner am weitesten auseinanderklaffen, anzuschneiden. Ungeachtet Ihres Gesprächspartners, ungeachtet der Situation und ungeachtet des Konfliktes, ist es immer nützlich, sich vor Augen zu halten, daß der andere ein anderes Bild von der Welt hat. Von daher ist es sehr sinnvoll, nach der Bedeutung dessen, was der andere sagt, zu fragen.

Zusammengefaßt: Fragen Sie bei Konflikten immer nach der *Intention* des anderen, und untersuchen Sie gleichzeitig auch Ihre eigene *Intention*, indem Sie sich beispielsweise fragen: „Wohin wird dies führen, was werde ich damit erreichen?" „Was bringt mir die Lösung des Konfliktes ein?" Die entscheidende Frage, die daran anschließt und zur Lösung führt, lautet: „Auf welche andere Art kann ich das erreichen?"

Die Kraft und der Wert von Emotionen

Im NLP wird den Emotionen große Bedeutung beigemessen, und das nicht nur, weil sie uns die Energie geben, um richtig zu „funktionieren", sondern auch, weil sie ein Mittel zur Entfaltung unseres Bewußtseins sind.

Fühlen ist eine Art der sinnlichen Wahrnehmung. Eine Emotion ist die Reaktion auf das, was wir sinnlich wahrnehmen. Wir fühlen mittels unserer Repräsentationssysteme Sehen, Hören, Riechen, Schmecken und Tasten und erhalten auf diese Weise Informationen darüber, was in der Welt, die uns umgibt, geschieht. Emotionen sind unsere *persönlichen* Reaktionen auf Eindrücke von außen.

Wenn das, was in der Welt um uns herum geschieht, mit dem Bild, das wir uns von der Welt gemacht haben, übereinstimmt oder dieses Bild sogar verstärkt, reagieren wir mit einer positiven Emotion wie Freude, Enthusiasmus, Stolz oder Zufriedenheit. Geschieht hingegen etwas, das unser Weltbild unterminiert, so „produzieren" wir eine negative Emotion wie Wut, Angst, Eifersucht oder Frustration.

Aus dieser Perspektive betrachtet wird deutlich, daß eine Emotion mehr über *Ihr Bild von der Welt* aussagt als über das, was wirklich geschehen ist. Daher ist es auch wichtig, seine Emotionen zu akzeptieren, sie zu durchleben und auf diese Weise Informationen darüber zu erhalten, was die Emotion Ihnen über Sie selbst sagt. Das Durchleben einer Emotion bedeutet übrigens nicht, daß Sie sich von ihr mitreißen lassen. Es geht vielmehr darum, die Emotion *bewußt* zu erleben.

Bei einer starken Emotion können Sie sich, wie man im NLP sagt, in einer *Tunnelsicht* verfangen. Genau wie Sie in einem dunklen Tunnel nur noch das kleine, weit entfernte Licht des Ausgangs sehen können und nichts vom Rest mitbekommen, bedeutet *Tunnelsicht* psychologisch gesehen, daß Sie nur noch einen sehr kleinen Teil dessen sehen, was sich um Sie herum abspielt. Sie sind dann so sehr in dem einen kleinen Teil gefangen, daß er Ihr gesamtes Bewußtsein in Beschlag nimmt und die rechte Proportion verlorengeht. Dadurch erhalten Sie verzerrte Informationen. In diesem eingeschränkten Zustand wird es natürlich schwierig, etwas Sinnvolles mit seinen Emotionen anzufangen. Die Leser, die in ihrem Leben schon einmal schrecklich eifersüchtig gewesen sind, werden dieses Phänomen vermutlich wiedererkennen.

Auch derjenige, der bis über beide Ohren verliebt ist, filtert alle negativen Aspekte des anderen weg und sieht nur noch das, was durch die rosarote Brille in sein Inneres dringt. Es ist aber sehr wahrscheinlich, daß er, sobald die Verliebtheit ein Ende hat, doch noch alle Farben des Regenbogens sehen wird. In NLP-Begriffen ausgedrückt: Die Kunst besteht darin, seine Emotion zu erleben, während man in *Up Time* bleibt, mit einer Panoramasicht, das heißt: mit der Aufmerksamkeit nach außen gerichtet sein, während man sich soweit wie möglich all dessen bewußt bleibt, was sich 90 Grad links und rechts von einem abspielt.

Wenn wir Emotionen als Signal für etwas Darüberhinausgehendes ansehen, können wir einige davon unter die Lupe nehmen und uns fragen, was sie zu bedeuten haben mögen. Dabei kann ich oft das folgende Muster beobachten:

Eifersüchtig sein: Eifersucht ist ein Signal dafür, daß Sie sich emotional vernachlässigt fühlen.

Angst haben: Bei Ängsten wäre es nützlich herauszufinden, welche Aspekte Sie selbst unter Kontrolle haben, so daß Sie alles, was in Ihren Möglichkeiten liegt, tun können, um etwas daran zu ändern.

Besorgt sein: Auch dieses Signal sollte Sie veranlassen herauszufinden, welche möglichen Veränderungen in Ihrer Macht liegen. Wenn Sie alles getan haben, was in Ihrer Macht liegt, können Sie ruhig werden und Ihre Aufmerksamkeit auf andere Dinge richten, wodurch sich oft ein Ausweg zeigt.

Frustriert sein: Frustration ist ein Signal, das Sie dazu auffordert, in Ihrem Inneren nach neuen Quellen und Möglichkeiten zu suchen.

Sich schuldig fühlen: Dieses Signal zeigt, daß Sie Ihre eigenen Normen mißachtet haben. Überprüfen Sie, ob diese Normen in diesem Zusammenhang Gültigkeit haben, und erkennen Sie, daß Sie die beste Wahl getroffen haben, die Sie in dem Moment treffen konnten.

Enttäuscht sein: Enttäuschung signalisiert, daß Sie Ihre Erwartungen überprüfen und neue Zielsetzungen formulieren sollten.

Unruhe: Dies ist ein Signal dafür, daß nicht klar ist, was in der Zukunft in einem bestimmten Bereich passieren wird. Sammeln Sie so viele Informationen wie möglich, und mobilisieren Sie Hilfe aus Ihrer inneren Quelle. Arbeiten Sie an Alternativen.

Die folgende Übung wird Ihnen die Möglichkeit geben, eine bestimmte Situation, die Ihnen Sorgen bereitet, zu untersuchen und sich ihr mit weniger Emotionen anzunähern.

A. Denken Sie in aller Ruhe nach, und wählen Sie dann eine Situation aus, die für Ihr Leben bestimmend ist, eine Situation, auf die Sie emotional reagieren und an der Sie gern etwas ändern würden. Beschreiben Sie diese Situation möglichst genau.

B. Bestimmen Sie, welche Qualität Sie benötigen würden, um die Situation als weniger unangenehm und hemmend zu erleben, zum Beispiel Selbstvertrauen.

C. Schauen Sie auf Ihr Leben zurück, und wählen Sie eine Erfahrung aus, in der Sie diese Qualität – in diesem Fall das Selbstvertrauen – zum Ausdruck gebracht haben. Es ist dabei egal, ob es im gleichen oder in einem anderen Zusammenhang war.

D. Gehen Sie in diese Erfahrung (C) hinein, und erleben Sie sie noch einmal ganz neu. Stellen Sie sich buchstäblich mitten in die Erfahrung hinein, sehen, hören und fühlen Sie alles aufs neue. Sobald Sie beispielsweise dieses Selbstvertrauen in sich aufsteigen fühlen, machen Sie eine Bewegung, die zu diesem Gefühl paßt, oder bringen Sie Daumen und Zeigefinger Ihrer rechten Hand zusammen (Verankerung). Sagen Sie etwas zu sich selbst, das dieses Selbstvertrauen bestärkt, oder machen Sie ein Geräusch, das dazu paßt.

E. Gehen Sie einen Schritt zur Seite, aber halten Sie dabei den Kontakt zu diesem Gefühl (D). Erleben Sie es noch einmal so deutlich wie möglich, wiederholen Sie den Text oder das Geräusch, das Sie gemacht haben, um das Selbstvertrauen zu festigen, und kreieren Sie dann ein unbewegtes Bild, in dem Sie sich selbst in dieser beklemmenden Situation (A) sehen, wobei Sie das Gefühl des Selbstvertrauens festhalten. Tun Sie das zehn Sekunden lang. Dann lassen Sie das Bild verschwinden, lösen den Anker und schreiten rückwärts.

F. Wiederholen Sie Schritt D und E mindestens dreimal. Sie werden bemerken, daß die Stärke der Emotion, die an diese belastende Situation gebunden war, langsam, aber sicher nachläßt.

Zum Abschluß dieser Übung können Sie noch folgenden Test machen:

Denken Sie an eine gleichartige, belastende Situation (wie A), die sich in der Zukunft abspielen könnte, und spüren Sie, wie Sie sich dabei fühlen.

Wenn Sie ein neutrales Gefühl empfinden, ist die Operation gelungen. Wenn nicht, wiederholen Sie die Schritte C und D einige Male, bis Sie das neutrale Gefühl in sich erzeugt haben. Wenn Ihnen das gelungen ist, können Sie Ihre Lehre aus diesem neuen Zustand ziehen und in Ruhe darüber nachdenken, welche Werte und Einstellungen, die diese Emotion bei Ihnen ausgelöst haben, nun ins Wanken geraten. Was benötigen Sie, was können Sie über sich selbst lernen, woran könnten Sie noch arbeiten?

Welche Art von Beziehung wünschen Sie sich?

Wenn Sie selbst nicht wissen, was genau Sie von einer Beziehung erwarten, wird niemand in der Lage sein, Ihren Anforderungen gerecht zu werden. Es geht also zunächst darum, einer neuen Beziehung durch präzises Fragenstellen Form zu geben, sich also möglichst genau zu wünschen, mit wem man sie eingehen will, und sich zu überlegen, was einen bisher davon abgehalten hat, was man braucht und wie die ersten Schritte in Richtung auf dieses Ziel aussehen können.

Diese Fragen haben nicht nur den Sinn, Informationen zu sammeln, sondern sie geben Ihrem Denken bereits eine bestimmte Richtung. Auch hier gilt, daß Sie Ihre Antworten positiv formulieren sollten. Schreiben Sie alle Antworten sorgfältig auf, damit Sie sie später nachlesen können.

Das Präzisieren Ihrer Zielsetzung

A. Was genau wünschen Sie sich von einer Beziehung? Was wollen Sie für sich selbst erreichen?
- im Bereich Ihrer persönlichen Entwicklung?
- im emotionalen Bereich?
- auf materiellem Gebiet?

Welche Eigenschaften soll Ihr Partner haben?
- im spirituellen und philosophischen Bereich?
- im emotionalen Bereich?
- im körperlichen Bereich?

Welche anderen Eigenschaften wünschen Sie sich für Ihren Partner?
- welches Alter?
- welche Nationalität?
- welche Interessen?
- welcher Beruf?
- weitere Präzisierungen?

B. Wie merken Sie, ob Sie sich bereits auf eine solche Partnerschaft zubewegen?

C. Wo und wann wünschen Sie sich diese Beziehung? Unter welchen Umständen und in welcher Umgebung? Wünschen Sie sich die Beziehung für den Rest Ihres Lebens?

D. Wie würde das Erreichen dieser Beziehung Ihr Leben beeinflussen?
– in Ihrem Arbeitsbereich?
– im Bereich Ihrer Familie?
– im Freundeskreis?
– in Ihrem persönlichen Leben?

E. Das Ziel hinter dem Ziel
Was wird das Erreichen dieser Beziehung für Sie bedeuten?
Was wird es Ihnen letztendlich bringen?

Beschreibung der Hindernisse, die Ihnen bisher im Weg standen

A. Welche Seiten in Ihnen haben verhindert, daß Sie diese Beziehung schon jetzt haben?
Wie behindern Sie sich selbst? Welche Einstellungen stehen Ihnen im Wege?
Was haben Sie bisher getan, um sich selbst zu behindern? Welches Verhalten haben Sie sich angeeignet?
Was sagen Sie sich selbst, was für Bilder tauchen in Ihnen auf, wenn Sie über diese Beziehung nachdenken?

B. Der Schalter oder die unmittelbare Veranlassung
Was sehen oder hören Sie, bevor Sie an der Möglichkeit einer solchen Beziehung zu zweifeln beginnen?

C. Ökologie
Welchen Vorteil haben Sie, wenn Sie diese Beziehung nicht leben?

Eigenschaften und Fähigkeiten

A. Über welche Eigenschaften und Fähigkeiten verfügen Sie bereits, um die Beziehung anzuziehen, die Sie sich wünschen?

B. Welche anderen Eigenschaften können Sie noch brauchen?
Wenn Ihnen auf diese Frage keine Antwort einfällt, fragen Sie so: „Angenommen, ich wüßte doch, welche Eigenschaften ich noch brauchen kann, was wäre das dann?"

Plan

A. Machen Sie sich jetzt einen Plan, der Sie Ihrem Ziel schrittweise näherbringt.

Verändern Sie jene Elemente in sich, die Sie davon abhalten, die Beziehung, die Sie sich wünschen, anzuziehen oder zu erschaffen. Dies erreichen Sie durch die Übungen, die Ihre Einstellungen verändern.

Holen Sie sämtliche Eigenschaften, die Sie benötigen und die Sie in anderen Lebensumständen bereits erfahren haben, nach oben, indem Sie die Übung von Seite 96–98 machen.

Wenn nötig, halten Sie nach einer Person gleichen Geschlechts Ausschau, die die gewünschten Eigenschaften bereits entwickelt hat, und lernen Sie von dieser Person. Beobachten Sie, welche Werte und Einstellungen diese Person hat, und übernehmen Sie sie, indem Sie so tun, als wären Sie diese Person.

B. Wie sieht der erste Schritt aus, den Sie auf dem Weg zu Ihrem Ziel gehen werden? Wann werden Sie diesen Schritt tun?

Haben Sie diese Übung vollständig und gewissenhaft ausgeführt? Dann versichere ich Ihnen, daß Sie bereits einen großen Schritt in die richtige Richtung getan haben. Sie werden jetzt eine sehr viel genauere und detailliertere Vorstellung davon haben, was Sie wollen.

Damit haben Sie alles getan, was in Ihrer Macht steht, und davon haben Sie sicherlich profitiert. Überlassen Sie den Rest nun einfach der Vollkommenheit des Kosmos. Bitten Sie, daß das geschehen möge, was am besten zu Ihnen paßt und zu Ihrem wahren Glück führt.

Das Universum als Partner

Von den Quantenteilchen bis hin zu den Sternenkonstellationen stoßen wir im Universum überall auf die gleichen Gesetze. Jeder Mensch bildet mit seinen vier Billionen Zellen sein eigenes Universum. Wir sind groß im Vergleich zur Ameise, aber unglaublich klein im Vergleich zu einem Land, einem Kontinent oder dem Planeten. Es liegt in Ihrer Verantwortung, sich erneut der Tatsache bewußt zu werden, daß Sie ein Teil des Ganzen und gleichzeitig ein Individuum sind. Die Atome, die Ihren Körper bilden, existieren bereits seit Milliarden von Jahren. Sie selbst verändern sich ständig; innerhalb eines Jahres haben sich 95 Prozent der Zellen in Ihrem Körper erneuert, das heißt, sie sind abgestorben und durch neue ersetzt worden. Die Atome gehen immer neue Verbindungen ein, ohne jedoch ganz zu verschwinden. Sie sind wie ein Tropfen im Ozean, Tropfen und Ozean zugleich, ein Bewußtseinsfeld innerhalb eines größeren Feldes. Je mehr Sie mit der ewigen Einheit in Kontakt treten können, desto einfacher ist es, zu realisieren, daß Sie und Ihr individuelles Bewußtsein relativ sind. Im Grunde sind Sie eine magische Bündelung von Ideen, und diese Ideen, Werte und Einstellungen erschaffen Ihr Leben durch die unvermeidlichen Gesetze der Anziehung und Abstoßung, die zu diesen Ideen gehören.

Es ist sehr erleichternd zu erkennen, daß es so etwas wie die absolute Wahrheit nicht gibt. Und wenn Sie Ihr Leben an sich vorbeiziehen lassen, werden Sie entdecken, daß Sie nicht stehengeblieben sind, sondern Ihre Vorstellungen Hunderte von Malen geändert haben, und daß gerade diese Veränderungen Ihre Evolution bewirkt haben.

In uns und um uns herum findet kontinuierliche Veränderung, Transformation und Erneuerung statt, und Leben bedeutet, Gebrauch von dem Feedback zu machen, das sich aus jeder unserer Handlungen ergibt, und uns entsprechend anzupassen, zu verändern und zu wachsen.

Schaffen Sie sich eine neue Welt, wenn die alten Dogmen Ihnen nicht mehr gefallen. Und machen Sie sich bewußt, daß weder die alten noch die neuen Ideen viel mit der Wirklichkeit zu tun haben. Trauen Sie sich zu fragen, wer ein Interesse daran hat, das Alte zu erhalten; trauen Sie sich zu fragen, wer das Alte ins Leben gerufen hat. Trauen Sie sich auch zu hinterfragen, wohin das Neue führen wird, das Ihnen von allen Seiten präsentiert wird. Fragen Sie sich: „Was bringt mir das? Trägt es zu meinem Glück bei, gibt es mir inneren Frieden?" Wenn das nicht der Fall ist, dann fragen Sie sich, welche Einstellungen Ihnen dieses Glück und diesen Frieden statt dessen bescheren. Glück ist Ihr Geburtsrecht. Wenn Sie ohne Partner leben, dann machen Sie sich ein Paradies daraus, das, was Sie sich unter einem Paradies vorstellen. Wenn Sie mit einem Partner leben, dann machen Sie auch daraus ein Paradies.

Es kommt überhaupt nicht darauf an, was passiert, das einzige, das zu unserer Entwicklung beiträgt, ist das, *was wir daraus machen,* die Bedeutung, die wir den Dingen geben. Es liegt in unserer Verantwortung, einen Beitrag zur Harmonie des Universums zu leisten. Das Spirituelle führt zu Ordnung. Entropie und Verfall haben keinen Einfluß auf Ihre spirituelle Essenz. Das spirituelle Bewußtsein eines jeden Menschen ist imstande, Harmonie und Form aus dem Quantenfeld zu ziehen, in dem potentiell alles vorhanden ist. Und aus diesem Quantenfeld erschaffen Sie Ihren eigenen Körper und Ihr eigenes Leben.

Wenn Sie glauben, daß Sie nur durch Schmerz und Leiden wachsen können, werden Sie diese Art von Leben anziehen. Glauben Sie hingegen, daß Sie sich nur durch Freude, Staunen und das Genießen des Geschenks, das unser Leben ist, entwickeln können, dann wird das, was Sie sich um sich herum erschaffen, dem entsprechen.

Der Partner, den Sie angezogen haben, paßt zu Ihrer Glaubensstruktur, ist sehr häufig komplementär und ist da, um sie mit all dem in Kontakt zu bringen, was Sie für Ihre Entwicklung brauchen können. Für den Partner, den Sie nicht angezogen haben, gilt dies ebenso.

Sie selbst, das heißt der bewußte und unterbewußte Teil Ihres gesamten Bewußtseins, bestimmen die Qualität Ihres Lebens. Sie bestimmen die Art von Partner, der Ihnen begegnen wird, und die Art der Arbeit, mit der Sie zu tun haben werden. Sie bestimmen, wie Sie das Leben mit Ihrem Partner genießen und was Sie aus Ihrer Arbeit und Ihren Lebensumständen lernen. Wenn die Situation, in der Sie gerade stecken, Ihnen nicht behagt, brauchen Sie nicht einmal die Situation zu verändern, sondern lediglich Ihr Bewußtsein der Situation.

Das klingt einfach, und es ist einfach.

Ich hoffe, daß Sie durch dieses Büchlein angeregt wurden, mit Ihren Unterbewußtsein in Kontakt zu kommen, um zusammen mit ihm zu beschließen, in welche Richtung Sie sich von nun an bewegen möchten. Mögen Sie auf diese Weise mehr und mehr zum Meister Ihrer Lebensumstände werden und so in der Lage sein, Ihrem Leben die Bedeutung zu geben, die Sie Glück und Frieden erfahren läßt.

Nützliche Informationen

Wer an einem Workshop teilnehmen möchte, um mehr Einsicht in sein persönliches Potential zu gewinnen, oder lernen will, die in diesem Buch besprochenen Techniken auf sich selbst und andere anzuwenden, kann über folgende Adresse Informationen anfordern:

Heart Systems N. V.
International Training Institute
for Communication and NLP
Kwaadbeek 74
B-9860 Oosterzele
Tel.: 00 32-9-3 62 41 18
Fax: 00 32-9-3 62 09 83

Das Institut informiert auch über Management- und Personal-Trainingsseminare.

Über den Autor

Paul Liekens ist diplomierter NLP-Trainer. Seine Ausbildung zum Practitioner und Master machte er am NYTI (New York Training Institute), sein Trainer-Zertifikat erhielt er von Dr. Richard Bandler, dem Mitbegründer des NLP. In Zusammenarbeit mit dem NYTI betreut er eine Ausbildung zum Practitioner und Master des NLP in Belgien. Ausführliche Informationen über NLP finden Sie in seinem Buch *Dann halten Sie die Fäden in der Hand. Praktisches Arbeiten mit NLP*, das ebenfalls im Aurum Verlag erschienen ist.

Bücher, die verändern helfen

Paul Liekens

**Dann halten Sie die Fäden
in der Hand**

224 Seiten, kart.

ISBN 3-591-08348-8

AURUM VERLAG · BRAUNSCHWEIG